SZENE FÜHRER

Monika Knobloch

PARIS

Angesagtes, Abgefahrenes, Ausgesuchtes.

Der Szeneführer mit Spartipps und aktuellen Internet-Adressen.

1900 LA
VINS

Willkommen in Paris

Impressum

Dies ist eine Originalausgabe des
UNTERWEGS VERLAGS Manfred Klemann,
Postfach 426, D-78204 Singen (Hohentwiel)
Telefon (0 77 31) 6 35 44, Telefax (0 77 31) 6 24 01
E-Mail: info@unterwegs.com

Texte: Monika Knobloch
Herstellung/Layout: Christine Raff
Umschlag: PRAST, WULFES.WERBEAGENTUR. (Düsseldorf)
Fotos: Office du Tourisme, Paris; Unterwegs Verlag
Kartographie: Berndtson & Berndtson GmbH, 82256 Fürstenfeldbruck

Singen (Hohentwiel)
Ausgabe 2003

ISBN 3-86112-136-0

Bestellfax: (0 77 31) 6 24 01

Die Deutsche Bibliothek - CIP-Einheitsaufnahme

Ein Titeldatensatz für diese Publikation ist bei
Der Deutschen Bibliothek erhältlich.

Inhalt

Typische Pariser Straßencafé-Stimmung, hier vor der Oper.

Vorab

Paris – die Stadt der Mode, Kunst, Kultur, Nouvelle Cuisine, Haute Couture, historischen Bauten und Straßencafés. Was macht den Reiz und Charme dieser Weltstadt aus? Man kann es schwer beschreiben, denn sie fasziniert und begeistert einfach jeden Besucher und wird auch euch innerhalb kürzester Zeit in den Bann ziehen. Wenn ihr zum ersten Mal in Paris seid, steht ihr vor der Frage: Wohin zuerst? Und diese Entscheidung fällt bei den vielseitigen Angeboten wirklich nicht leicht.
Dieses Buch soll einige Tipps und Ratschläge geben, wie ihr euch in dieser Megastadt leichter zurechtfinden könnt, welche Kneipen und Diskos „branché" sind, wie ihr Geld sparen könnt und wo die Post abgeht. Natürlich ist das nur ein kleiner Bruchteil dessen, was die Stadt tatsächlich bietet, aber das Buch soll ein Leitfaden sein und wie ihr euch schlussendlich der Stadt nähert, bleibt euch überlassen. Es gibt unzählige Möglichkeiten:

Schlendert einfach mit offenen Augen durch die verschiedenen Stadtviertel und ihr werdet die völlig unterschiedlichen Gesichter der Stadt kennenlernen. Lasst euch treiben, denn Paris ist reich an Widersprüchen und Überraschungen. Besucht eines der unzähligen Museen und lasst euch in eine andere Welt verführen. Lasst die Nacht zum Tage werden und treibt euch bis zum Morgengrauen in einem Tanztempel herum.

„Das wahre Theater findet auf der Straße statt" (Charlie Chaplin). Setzt euch in ein Straßencafé und lasst die nie endenwollende Szenerie an euch vorbeiziehen.

Ihr dürft das Buch nicht kaufen, wenn ihr an historischen Exkursionen interessiert seid oder konkrete Routen durch die Stadt erwartet. Und ihr dürft nicht nach Paris gehen, wenn ihr günstig shoppen wollt.

Hemingway schrieb: „Paris, das ist ein Fest fürs Leben".
Probiert es aus und viel Spaß dabei !

Das Wichtigste zuerst

Botschaften

Deutschland: 13-15, Avenue Franklin-D. Roosevelt, 75008, Tel. (01) 53 83 45 00, 8e, Métro: Franklin-D. Roosevelt
Schweiz: 142, Rue de Grenelle, 75007, Tel. (01) 49 55 67 00, 7e, Métro: Varenne
Österreich: 4, Rue Jean Rey, 75015, Tel. (01) 40 59 33 00, 15e, Métro: Invalides. Um in die Botschaft hineinzukommen, müsst ihr am Eingang einen Ausweis vorzeigen.

Wer sich schon im Voraus informieren möchte, hier die Adressen der Fremdenverkehrszentralen:
Office du Tourisme de Paris, 127, Avenue des Champs-Elysées, 75008, Tel. (01) 49 52 53 54, Fax (01) 49 52 53 00, Métro: Franklin-D. Roosevelt, täglich von 9-20 Uhr. Weitere Filialen gibt es an allen Bahnhöfen.
Hier bekommt ihr genügend kostenloses Infomaterial, Metropläne, Veranstaltungskalender und sonstige Tipps, was in der Stadt abgeht. Achtung: für die Vermittlung von Jugendherbergszimmern müsst ihr ca. 1,20 €, für ein 2-Sterne-Hotel ca. 3,80 € bezahlen.

Eine französische Telefonansage vermittelt euch Infos über die aktuellen Musikveranstaltungen, Tel. (01) 49 52 53 55.
Unter 01 49 52 53 57 erhaltet ihr aktuelle Veranstaltungstips in deutsch.

Französische Fremdenverkehrsämter

in Deutschland: Westendstr. 47, 60325 Frankfurt, Tel. 0190-57 00 25
in der Schweiz: Löwenstr. 59, 8023 Zürich, Tel. 01-211 30 85
in Österreich: Argentiner Str. 41a, 1040 Wien, Tel. 01-503 28 90

Einreisebestimmungen

EU-Mitglieder benötigen einen gültigen Personalausweis oder Reisepass.

Feiertage

1. Januar, Neujahr; Ostersonntag und -montag; 1. Mai, Tag der Arbeit; 8. Mai, Waffenstillstand 1945; Christi Himmelfahrt; Pfingstmontag; 14. Juli, Nationalfeier-

tag; 15. August, Mariä Himmelfahrt; 1. November, Allerheiligen; 11. November, Waffenstillstand 1918; 25. Dezember, Weihnachten.
Neben den offiziellen Feiertagen gibt es eine Reihe von Festivals und Veranstaltungen, auf denen die Post abgeht (die genauen Termine könnt ihr den Zeitungen entnehmen).

Im August flüchten die Pariser aus der Stadt. Viele Läden, Museen, Galerien, Theater und Kneipen haben in dieser Zeit geschlossen. Wenn ihr mit dem Auto unterwegs seid, habt ihr dadurch den Vorteil, dass ihr nicht stundenlang im Stau steht und leichter einen Parkplatz bekommt. Der Nachteil ist, dass die Stadt in dieser Zeit von Touris regelrecht überflutet wird.

Fundbüro

Bureau des Objets Trouvés, 36, Rue des Morillons, 15e, Métro: Porte de Vanves. Öffnungszeiten: Mo-Fr 8.30-17 Uhr und Di und Do 8.30-20 Uhr. Telefonische Auskünfte werden nicht erteilt.

Notfälle, Notruf

- die Polizei: 17
- die Feuerwehr: 18
- der ärztliche Notdienst ist rund um die Uhr in Bereitschaft und unter (01) 43 77 77 77 oder (01) 47 07 77 77 zu erreichen
- Zahnärzte: SOS Dentistes, 87, Boulevard du Port Royal, 75013, Tel. (01) 43 37 51 00
- Ärztehaus: Centre Medical Europe, 44, Rue d'Amsterdam, 9e, Tel. (01) 42 81 93 33, Métro: Liège. Es wird auch deutsch oder englisch gesprochen.

Denkt daran, dass in der Regel die Arztrechnungen gleich bezahlt werden müssen! Um die entstandenen Kosten von der Krankenkasse ersetzt zu bekommen, benötigt ihr die schriftliche Diagnose (diagnostique).
Apotheken, die rund um die Uhr geöffnet haben, sind die Pharmacie Dhéry, Galerie des Champs, 84, Avenue des Champs-Elysées, 7e, Tel. 01 45 62 02 41 oder Pharmacie européene, 6, Place de Clichy, 9e, Tel. 01 48 74 65 18.

Geschäftszeiten

Die üblichen Geschäftszeiten sind von 9.30 bis 19 Uhr. Manche Läden haben über Mittag geschlossen, sind dafür aber abends länger geöffnet. In manchen Vierteln haben am Samstag nicht alle Geschäfte geöffnet. Es gibt einige Märkte und Markthallen, die sonntags geöffnet haben. Da der Franzose auch an diesem Tag nicht auf sein „Baguette" verzichten möchte, findet man in jedem Viertel offene Bäckereien (boulangeries). Im Hallenviertel sind beinahe alle Boutiquen und Postkartenshops geöffnet. Schwieriger ist es da schon eher, an Zigaretten heranzukommen. Die meisten „tabac" haben geschlossen. Zigaretten könnt ihr aber in Kneipen und Bahnhöfen kaufen. Montags und dienstags haben viele Museen geschlossen. Einige kleine Geschäfte öffnen Montagmorgen etwas später.

Pannenhilfe

ADAC: (01) 43 59 67 13, *Allo S.O.S.:* (01) 47 07 99 99

Stadtmagazine

Sehr gute Wochenzeitschriften sind das „Pariscope" (0,45 €) und „L'Officiel des Spectacles" (0,30 €). Diese informieren über alle aktuellen Veranstaltungen, Theater- und Kinoprogramme sowie deren Anfangszeiten. Das „Nova" (1,50 €) ist ein alternatives Stadtmagazin, das mehr Hintergründe bringt und weniger Veranstaltungstipps.

Telefonieren

1997 wurde in Frankreich das Telefonsystem erneuert. Paris erhielt die Vorwahl (01), das Umland im Uhrzeigersinn die Vorwahlen (02) bis (05). Die Vorwahl (06) gehört zu Funktelefonen. Die Vorwahl ist fester Bestandteil der Telefonnummer, sie muss auch mitgewählt werden, wenn ihr bereits in Paris seid. Von Deutschland, der Schweiz oder Österreich aus wählt ihr nach Frankreich die 0033 und dann die zehnstellige Telefonnummer ohne die Null. Von Frankreich nach Deutschland wählt ihr: 0049, in die Schweiz: 0041 und nach Österreich: 0043. Für die öffentlichen Telefonzellen benötigt ihr eine télécarte, die ihr in einem „tabac" oder in der Post bekommt.

Trinkgeld

Im Restaurant oder Café heißt es meistens service compris, Bedienung inbegriffen. Aber trotzdem ist es üblich, von der Endsumme 10 Prozent Trinkgeld (pourboire) zu geben. In den Kinos erwarten die Platzanweiserinnen 0,30 € Trinkgeld. Außerdem sollten die Taxifahrer und die Hotelbediensteten ein Trinkgeld bekommen.

Menschenüberfülltes Shopping-Paradies: Les Champs-Elysées

UND SONST NOCH ...

Post

Die Hauptpost Poste du Louvre, 52, Rue du Louvre, 1er, hat täglich rund um die Uhr geöffnet. Die anderen Postämter sind Mo-Fr 8-19 und Sa 8-12 Uhr geöffnet.
Die Postleitzahl von Paris beginnt mit 75, das ist das Département. An den letzten beiden Ziffern 75007 erkennt man das Arrondissement – in diesem Fall: 7e.

Sprache

Die Franzosen lieben ihre eigene Sprache und es ist ratsam, vorher ein paar Brocken französisch zu lernen. Sonst kann es sehr mühsam und frustrierend werden.

Rauchen

Seit dem 1. November 1992 ist das Rauchen in öffentlichen Gebäuden, Büros, Métros und Zügen verboten – und das im Land der Gauloises. Viele Restaurants haben Nichtraucher- und Raucherzonen. Ihr werdet schnell merken, dass die Franzosen das Gesetz nicht allzu ernst nehmen. Zigaretten bekommt ihr in Cafés und Bars, die mit einem roten Rhombus gekennzeichnet sind. Zigarettenautomaten gibt es keine.
Vorsicht: Sonntags könnte es etwas schwieriger werden, an Zigaretten ranzukommen! Wenn die Bahnhofskioske schließen, bleibt euch nur noch die Möglichkeit, Zigaretten an der Theke einer Bar zu kaufen. Die Auswahl dort ist oft nicht sehr groß und man muss mit einem Zuschlag rechnen.

Reisezeit

Das Frühjahr und der Herbst gehören sicherlich zu den schönsten Reisezeiten. Alle Straßencafés haben geöffnet, die Künstler belagern die öffentlichen Plätze und alles spielt sich auf den Straßen ab. Im Hochsommer kann die Hitze sehr drückend sein. An verlängerten Wochenenden und Feiertagen sollte unbedingt rechtzeitig gebucht werden, denn da strömen Touristeninvasionen nach Paris. Im August gibt es kaum Veranstaltungen und viele Kneipen haben geschlossen. Außerdem besteht die größte Chance, euren netten Nachbarn zu treffen.

Ankommen

Mit dem Flugzeug

Das Flugzeug ist eine schnelle und günstige Möglichkeit, um nach Paris zu kommen. Flug- und Spartarife oder Super-Flug-und-Spar-Tarife locken die Leute an. Vergleicht rechtzeitig die Preise in den Reisebüros.
Paris hat zwei große Flughäfen, die beide etwas außerhalb liegen. Der Roissy-Charles de Gaulle Flughafen, Tel. (01) 48 62 12 12, liegt ca. 26 km im Nordwesten und der Flughafen Orly ca. 10 km südlich, (01) 49 75 52 52.

Ankunft auf dem Roissy-Charles de Gaulle Flughafen:
Zwischen den verschiedenen Terminals gibt es kostenlose Busshuttles, die zu der RER-Station (Résau Express Régional) fahren. Die RER Linie B fährt alle 15-20 Min. in das Zentrum. Die Fahrt dauert ungefähr 40 Min. und kostet ca. 6,90 €.
Der Air France Shuttle Bus hält vor verschiedenen Terminals und fährt direkt in die Stadt. Er hält an dem Palais des Congrès, der Porte Maillot und der Charles de Gaulle-Etoile. Von hier fahren sie auch wieder zum Flughafen. Die Busse fahren alle 15 Min., die Fahrt dauert im Werktagsverkehr ca. 45 Minuten, an Wochenenden nur 25 Min., und kostet 8,40 €. Der Roissybus fährt alle 15 Minuten an den Terminals vorbei und lädt die Passagiere ein. Eine Fahrt kostet 6,10 € und Endstation ist in der Rue Scribe, in der Nähe der Métrostation Opéra.

Die Busse fahren zwischen 5.40-23 Uhr.
Eine Taxifahrt ist teuer, aber nicht schneller. Sie kostet zwischen 30 und 40 €, dieses Geld kann sicher besser investiert werden.

Ankunft auf dem Flughafen Orly
Es gibt einen Terminal für internationale Flüge (Orly Süd) und einen für Inlandsflüge (Orly West). Die Air France Busse fahren alle 12 Min. vor dem Ausgang E und F nach Paris Invalides. Auf Wunsch hält er auch an der Porte-d'Orléans und in Montparnasse (6,10 €). Ein kostenloser Busshuttle Orlyval fährt zur RER-Station. Die Linie B bringt euch in das Zentrum (7,60 €). Der Orlybus fährt zwischen Orly Ouest und Sud und der Place Denfert-Rochereau.

Mit dem Auto

Wenn ihr euch entschlossen habt, mit dem Auto nach Paris zu fahren – dann herzlichen Glückwunsch. Nach stundenlangem Kampf durch das Verkehrschaos und nachdem viel Gehupe und Schimpftiraden über euch ergangen sind und das Nervenkostüm schon ordentlich in Mitleidenschaft gezogen ist, habt ihr nun endlich das Zentrum erreicht. Aber wohin nun mit dem Auto? Parkplätze sind äußerst rar. Und habt ihr dann doch noch einen Parkplatz gefunden, müsst ihr euch auf extrem hohe Parkgebühren einstellen. Und kommt nicht auf die Idee, das Auto nur mal schnell in ein Parkverbot zu stellen. Die Wahrscheinlichkeit ist groß, dass es abgeschleppt wird oder Radkrallen ein schnelles Verschwinden unmöglich machen. Außerdem sind ausländische Autokennzeichen bei Diebesbanden besonders beliebt.

Mit dem Zug

Auf den sechs großen Bahnhöfen rollen die Züge aus den unterschiedlichsten Richtungen ein. Das Endziel für die Züge aus Deutschland und der Schweiz ist der GARE DE L'EST. Am GARE DU NORD halten die Züge aus Norddeutschland, Belgien und Niederlande.
Alle Bahnhöfe sind an die Métroverbindungen angeschlossen. Für 2,30-4,60 € könnt ihr bis zu 72 Stunden euer Gepäck abgeben.

Tipp: Wenn ihr ankommt und Fragen habt, geht gleich in das Touristenbüro. Die Leute dort sind in der Regel sehr freundlich und sprechen zum Teil deutsch. Reservierungen unter Tel. (01) 45 82 50 50, von 7 bis 20 Uhr.

Vorsicht: Meidet nachts die Bahnhofsgegenden.

Trampen

Die Mitfahrzentralen in den größeren Städten vermitteln günstige Mitfahrgelegenheiten nach Paris. Es dürfte auch kein Problem sein, per Daumen nach Paris zu kommen. Aber das Heimfahren könnte sich doch als schwierig erweisen.

Das ***Allostop Provoya*** vermittelt Mitfahrgelegenheiten. Die Vermittlungsgebühr beträgt ca. 11 € und pro Kilometer werden 3 cent abgerechnet. Es muss vor Reiseantritt bezahlt werden. Mo-Fr 9-19.30 Uhr, Sa 9-13 Uhr und 14-18 Uhr. 84, Passage Brady, Tel. (01) 42 46 00 66, 10e, Métro: Strasbourg-St-Denis.

An den Ausgängen der Métro-Stationen findet ihr jeweils einen Stadtplan der nahen Umgebung mit Standpunkten der interessantesten Sights.

Rumkommen

Die U-Bahn

Das angenehmste und schnellste Verkehrsmittel ist die U-Bahn, Métro genannt. 14 Métro-Linien verbinden über 300 Stationen miteinander und ihr müsst nicht länger als 10 bis 15 Minuten laufen, um zur nächsten U-Bahnstation zu kommen. Die Métrostationen sind mit einem gelben M oder einem runden rot-weißen METRO gekennzeichnet. An einigen Stellen könnt ihr auch noch das alte, grüne Zeichen METROPOLITAIN finden. Im ersten Moment wirkt das System vielleicht etwas verwirrend und die langen Gänge scheinen endlos. Aber es ist ganz leicht, sich zurechtzufinden. Die Beschilderungen in den unterirdischen Gängen sind sehr übersichtlich. Wenn ihr umsteigen müsst, folgt den orangefarbenen Schildern Correspondence!. Der Ausgang wird mit Sortie! gekennzeichnet und zu den Bahnsteigen weist das Schild Accès aux quais!. Die U-Bahnlinien sind von 1 bis 14 in unterschiedlichen Farben nummeriert, mit allen Haltestellen gekennzeichnet und immer nach der Endstation benannt. Wenn ihr zu einem bestimmten Punkt fahren wollt, müsst ihr euch den Namen der Endstation merken und diesem auf den Schildern folgen.
Die Métros fahren zwischen 5.30 Uhr und 0.30 Uhr.
Die RER (Réseau Express Régional) sind unterirdische Schnellbahnzüge und zum Teil an die Métrostationen angeschlossen. Diese fahren in die Pariser Vororte und kosten mehr.

Citycard

Bus- und U-Bahn-Benutzung für 72 Stunden sowie ermäßigte Eintritte, z.B. in Museen ca. 22 €.

Bus

Das Vorwärtskommen mit dem Bus ist zwar wesentlich zeitaufwändiger als mit der Métro, aber dafür sieht man etwas von der Stadt. Busfahrpläne bekommt ihr an den Métrostationen. Die 63 Linien fahren unter der Woche von 6.30-20.30 Uhr (zum Teil auch bis 0.30 Uhr). Ihr könnt das Métro-Ticket benutzen, das ihr im „composteur" entwertet. Achtung: PARIS VISITE und die CARTE ORANGE dürfen nicht entwertet werden, diese werden dem Schaffner nur vorgezeigt.

Nachtbus

Der Nachtbus NOCTAMBUS bringt die Nachtschwärmer nach Hause. Zwischen 1.30 und 5.30 Uhr fährt dieser stündlich. Abfahrt ist vom Châtelet (Av. Victoria). Entlang der Route könnt ihr durch Handsignal den Bus stoppen und einsteigen. Die

Linie A fährt nach Pont de Neuilly, B nach Levallois, C nach Clichy, D nach Saint-Quen, E nach Pantin Eglise, F nach Les Lilas, G nach Montreuil, H nach Vincennes-Château, J zum Porte d'Orléans, R nach Rungis. Fragt in den Métrostationen nach dem Grand Plan de Paris, damit ihr die genauen Routen wisst.
Der BALABUS bietet eine einstündige Sightseeingtour für nur 3 Fahrscheine an. Von Mitte April bis Ende September tourt er an einigen bedeutenden Sehenswürdigkeiten vorbei. Er startet von La Défense über den Arc de Triomphe, Louvre, Notre Dame, Pont-Neuf. Die Haltestellen erkennt ihr an den Zeichen BB-BALABUS – aber unter der Woche ist das Warten zwecklos – der Bus fährt nur sonntags.

Taxi fahren

Das Taxifahren ist zwar billiger als bei uns, aber eine Taxifahrt geht trotzdem gleich ins Geld. Es ist nicht nur ein teures, sondern auch ein ziemlich schwieriges Unterfangen, zu bestimmten Tageszeiten ein Taxi zu ergattern. Besonders nach 0.30 Uhr, wenn die Métro ihren Dienst eingestellt hat, müsst ihr mit längeren Wartezeiten rechnen. An die 470 Taxistände sind in der Stadt verstreut, davon haben 120 Rufsäulen. Gute Chancen habt ihr auch vor den größeren Hotels oder den Nachtclubs. Auf jeden Fall sollte der Fahrer den Zähler einstellen. Die Tarife werden nach verschiedenen Klassen gestaffelt. Der Tarif A gilt von 7 bis 20 Uhr, B nach 20 Uhr und C in den Außenbezirken. Seid aber nicht überrascht, wenn ihr schlussendlich mehr bezahlt als der Zähler anzeigt. Dann habt ihr vielleicht zu viel Gepäck, oder ihr seid am Flughafen oder Bahnhof zugestiegen – das kostet extra.

- In der Regel nehmen Taxifahrer nur drei Personen mit.
- Die Taxifahrer erwarten 10-15 % Trinkgeld.
- Zuverlässige Unternehmen sind das Taxis Radio 7000, Tel. (01) 42 70 00 42 oder Taxis Bleus, Tel. (01) 49 36 10 10.

Auto(-vermietung)

Wenn ihr euch wirklich selbst durch das Verkehrschaos kämpfen wollt, hier einige Adressen: Budget Rent-a-Car, 81, Av. Kléber, 16e, Tel. 01 47 55 61 00; Hertz, 27, Rue St-Ferdinand, 17e, Tel. (01) 45 74 97 39; Avis, 5, Rue Bixio, 7e, Tel. (01) 44 18 10 50. Ein Kleinwagen kostet ca. 45 €/Tag.
Die internationalen Autovermietungen sind außerdem an den Bahnhöfen vertreten, die Angestellten in der Regel sehr hilfsbereit und auf gestresste Kunden vorbereitet. Meist ist es günstiger, ein Auto von Deutschland aus zu mieten. Auf jeden Fall solltet ihr euch vorher erkundigen.

Fahrrad

Obwohl es immer mehr abgetrennte Fahrradspuren auf den Straßen gibt, ist Paris keine Fahrradstadt, und es ist zum Teil schon lebensgefährlich, sich durch das stinkende Verkehrschaos zu quälen. Ohne Berufsverkehr könnten die Sehenswürdigkeiten an den Wochenenden mit dem Vélo angesteuert werden. Auch eine Tour durch den Bois de Bologne lohnt sich.

Paris-Vélo, 2, Rue du Fer-à-Moulin, 5e, Tel. (01) 43 37 59 22, Métro: Censier Daubenton. Räder werden für 12,20 €/Tag, 33 €/3 Tage vermietet (Kaution 305 €).

Bicy-Club, 8, Place de la Porte-de-Champerret, 17e, Tel. (01) 47 66 55 92, Métro: Porte-de-Champerret. Für ca. 3,80 € kann 1 Stunde durch die Gegend geradelt werden, ein Tag kostet 15,20 € (Kaution 152 €). Von Juli bis September ist täglich von 9-19 Uhr geöffnet.

Bei Paris à Vélo, 9, Rue Jacques-Coeur, 4e, Tel. (01) 48 87 60 01 gibt's auch ausgearbeitete Radtouren.

Inlineskating

Jeden Freitagabend findet eine große Ausfahrt durch Paris auf Rollen statt. Teilnehmen kann jeder, der sich auf den Rollen sicher fühlt. Durchschnittlich nehmen etwa 12000 Begeisterte an der Ausfahrt teil, die Rekordzahl liegt jedoch bei 28000 Teilnehmern. Die Polizei begleitet die Menge und sichert die Strecke ab. Einzelne Polizisten wurden hierfür extra auf den Rollen ausgebildet.

Die Ausfahrt beginnt um 22 Uhr und dauert ungefähr drei Stunden. Treffpunkt für die Abfahrt ist der Place d'Italie (Métro: Place d'Italie, 13e). Dort endet der Spaß gegen 1 Uhr morgens auch wieder. Mit Sicherheit ein Erlebnis!

Die Kathedrale Notre-Dame

Internet-Adressen

www.brigitte.de/reisen/reiseziele/paris.html
http://focus.de/DIDR/DRT/DRTT/drtt.htm?stadt=paris
www.clickfish.com/clickfish/guidearea/city/staedteausland/infoparis
www.uwefreund.com/paris

Rundblick

Die Seine fließt mitten durch die Stadt und trennt sie in Rive Gauche, dem linken Ufer im Süden und Rive Droite, dem rechtem Ufer im Norden. Auf diese Trennung legen die Pariser großen Wert. Das linke Ufer, mit seinen Vierteln Quartier Latin, St-Germain-des-Prés und Montparnasse, ist Zentrum der Studenten und Treffpunkt der Bohème und Intellektuellen. Das rechte Ufer ist eher traditionell-konservativ, verweist mit Stolz auf die großen Kaufhäuser und ist das Businesszentrum der Stadt. Morgens quellen 500 000 Menschen aus den Métros und eilen in ihre Büros, Banken, Versicherungen oder an die Börse. Es gibt in ganz Frankreich keinen Ort, an dem mehr Telefonate gleichzeitig geführt werden. Dazu zählen das 1., 2. und 8. Arrondissement.

Was heißt linkes und rechtes Ufer? Ihr werdet denken: „Das ist doch eine Sache des Standpunktes und damit relativ.“ Falsch gedacht! Links und rechts ist die Sicht eines Seemannes, der die Seine flussabwärts fährt.

Die Orientierung ist recht einfach, da Paris in 20 Arrondissements aufgeteilt ist, die hinsichtlich sozialer Struktur und Lebenswandel sehr unterschiedlich sind. Der Louvre liegt im 1. Arrondissement und von hier laufen die Arrondissements spiralförmig im Uhrzeigersinn nach außen. Im oberen Teil der Straßenschilder sind die Arrondissements gekennzeichnet. Die mondänsten Wohngegenden sind das 7. und 16. Arrondissement – im Gegensatz zu den tristen Plattenbauten der ***banlieues***, wo die Kriminalitätsrate extrem hoch ist. Der ***Boulevard Périphérique*** ist die Stadtautobahn und Stadtgrenze.

1. Arrondissement

Vom 1. bis zum 17. Jh. residierten hier die franz. Könige in Saus und Braus. Im 20. Jh. ist es immer noch eine Topadresse für exklusive Läden und Hotels. Nach klassischer französischer Architektur ist der ***Place Vendôme*** angelegt. Um den Platz haben sich die absoluten Nobelgeschäfte niedergelassen. In der Nr. 12 starb 1849 Chopin. Ölscheichs und Prominenz aus Film und Fernsehen treffen sich im Hotel Ritz, eine Übernachtung kostet „nur" 511 €. Auf dem ***Place de la Concorde*** stand während der französischen Revolution die Guillotine. Einige Persönlichkeiten verloren hier ihren Kopf: Ludwig XVI., seine Frau Antoinette, Danton und Robespierre. Der Verpackungskünstler Christo hat 1985 auch in Paris zugeschlagen. Er hat die ***Pont-Neuf*** mit 40 000 qm Stoff verpackt. Ein wahrliches Meisterwerk der franz. Hochgotik ist die ***Sainte-Chapelle*** aus dem Jahre 1248. Auf den riesigen Fenstern sind sage und schreibe 1135 Bibelszenen festgehalten. Im ***Palais Royal*** befindet sich der Staats- und Verfassungsrat und das Kultusministerium. Das ***Hallenviertel*** ist ein grandioses Einkaufs-, Kultur- und Unterhaltungszentrum.

2. Arrondissement

Das 2. Arrondissement ist das Viertel der Passagen und der Börse. Diskret gekleidete Börsianer in Nadelstreifenanzügen eilen durch die Straßen. Eine der schönsten Galerien ist die ***Galerie Vivienne***. Die Mosaikfußböden, Marmorsäulen und Glaskuppeln sind die Überreste aus dem letzten Jahrhundert. Der schräge Modedesigner Gaultier hat hier seine Boutique. Wenn ihr auf der ***Rue St-Denis*** entlanggeht, könnt ihr euch vorstellen, wie hier früher die Könige von ihren Triumphzügen mit viel Tamtam einzogen. Heute ist es ein Rotlichtviertel.

3. Arrondissement

Im 3. Arrondissement befindet sich das ***Picasso-Museum***, das ***Musée Carnavalet*** (ein Museum der Pariser Stadtgeschichte) und das ***Musée des Techniques*** (Museum für Technikgeschichte). Das Interesse an diesem Museum stieg beträchtlich, nachdem Umberto Eco seinen Roman „Das Foucaultsche Pendel" herausbrachte. Dieses kann hier besichtigt werden. Auf dem ***Place de la Republique*** steht die Marianne-Statue, die Symbolfigur der französischen Republik. Um den Platz herum gibt's viele günstige vietnamesische und chinesische Restaurants.

4. Arrondissement

Das ***Marais*** liegt im 4. Arrondissement. Bis zum 12. Jh. bestand hier alles aus riesigen Sümpfen. Das Gebiet wurde von den Templerorden trockengelegt und diese bauten dann die ersten Klöster. Im 17. Jh. wurde mit dem Bau der Paläste begonnen und der Adel ließ sich hier nieder. Nachdem der Königshof nach Versailles verlegt wurde, verlor das Viertel an Bedeutung. Die Revolution bedeutete das endgültige Aus und die Paläste zerfielen immer mehr. Im 19. Jh. war es für die Handwerker ein bevorzugtes Wohngebiet. Mitte der 60er Jahre wurde ein Sanierungsplan ausgearbeitet und die Paläste und alten Häuser, die zum Teil noch keinen Wasseranschluss oder eigene Toiletten hatten, wurden restauriert. Viele Häuser wurden unter Denkmalschutz gestellt und steigende Mieten waren eine nicht auszubleibende Folge. Die Handwerker sind weggezogen und die Neureichen und Yuppies haben sich das Viertel unter den Nagel gerissen. So ist dieses Viertel wieder zu einer exklusiven Wohngegend mit teuren Designerläden und Modeboutiquen geworden. Am Wochenende ist es hier ziemlich überlaufen.

Seit Jahrhunderten befindet sich in der *Rue des Rosiers* und *Rue des Ecouffes* das *jüdische Viertel*. Im Mittelalter lebten sie hier im Getto, heute ist es eine freie Gemeinde mit 350 000 jüdischen Mitgliedern. Wenn ihr einmal koscheres Fleisch essen wollt, könnt ihr dies in einem der originalen Restaurants probieren. Am 9. August 1982 geriet dieses Viertel in die Presseschlagzeilen, als auf das jüdische Restaurant Jo Goldberg ein Terroranschlag verübt wurde.

Vom *Centre Pompidou* geht's über die Rue St-Martin und Rue de Rivoli zum Rathaus, dem *Hôtel de Ville*. Von hier über die Brücke *Pont St-Louis* auf die *Ile de la Cité*, dem historischen Stadtkern. Bereits 300 v. Chr. siedelten sich hier die ersten Kelten an und im 5.Jh. n. Chr. war die Halbinsel Sitz der römischen Macht in Frankreich. Um die Notre-Dame gab es früher viele Häuser und Gassen, die unter den Haussmann'schen Kahlschlägen weichen mussten, da er ein Verwaltungszentrum erstellen wollte. Heute ist sie Sitz der Justiz und der Polizei.

Auf der *Ile St-Louis* lebt das 17. und 18. Jh. noch weiter: elegante, mondäne Häuser mit herrlichen Innenhöfen. Wer in diesem exklusiven Viertel wohnt, gehört nicht zu den Armen.

Der quadratisch angelegte *Place des Vosges* wurde 1612 eingeweiht und ist von 16 Adelspalästen umgeben. Auf Anordnung des Königs Henri IV. sollte in der Mitte ein großer, freier Raum bleiben, damit der Adel genügend Platz zum Promenieren hatte. In der Nr. 6 lebte von 1832 bis 1848 Victor Hugo. Am Wochenende ist das Viertel ziemlich überlaufen. Das Marais ist Zentrum der Gay-Szene.

5. Arrondissement

Das *Quartier Latin* liegt am linken Ufer im 5. Arrondissement. Da früher die Professoren und Studenten lateinisch gesprochen haben, wurde es „Lateinisches Viertel" genannt. An der 1. Universität *Sorbonne* wird seit 1253 unterrichtet und heute ist sie eine von 13 Universitäten.

Achtet auf die Litfasssäulen der Stadt:
Sie sind ein topaktueller Infogeber für kulturelle Events.

In dem Studentenviertel begannen 1968 die Studentenunruhen, die eine schwere innenpolitische Krise hervorriefen und fast zum Sturz der Regierung geführt hätten. Das Quartier Latin ist das intellektuelle Herz von Paris. Um den ***Place de la Sorbonne*** hängen die Studenten in den unzähligen Studentenkneipen herum. Das Viertel ist geprägt von Buchläden, Verlagen, Jazzlokalen, Diskotheken, günstigen Kneipen und Restaurants, mehreren Universitäten, Gymnasien und der berühmten Eliteschule Ecole Normale Supérieure. In der 49, Rue Monge war das römische Theater ***Arènes de Lutèce***, in dem bis zu 15 000 Menschen an Gladiatorenkämpfen und Theateraufführungen teilnehmen konnten. Heute ein idealer Platz zum Relaxen. In der 74, Rue du Cardinale-Lemoine, hat Hemingway mit seiner Frau eine Mansardenwohnung bewohnt. In der Nr. 71 vervollständigte James Joyce sein Ulysses. Und in der Nr. 67 starb der französische Philosoph und Mathematiker Blaise Pascal.

Laut und hektisch ist der ***Boulevard Saint-Michel***, auch Boul' Mich genannt. Cafés, Billigläden, Kinos und Buchhandlungen reihen sich aneinander. In den Nebenstraßen findet ihr zahlreiche internationale Lokale, die aber keinen kulinarischen Hochgenuss versprechen. Die Kneipen sind voll auf Touristen eingestellt und neppen euch. Esst lieber irgendwo anders.

6. Arrondissement

Das 6. Arrondissement, ***St-Germain-des-Prés***, ist das ehemalige Literaten- und Künstlerviertel mit traditionsreichen Cafés und Restaurants (***Café de Flore, Café Procope, Brasserie Lipp***). Anfang der 20er Jahre hatte das Viertel seine glanzvollste Zeit. Sartre und Simone de Beauvoir verbrachten ihre Zeit zum Schreiben und Philosophieren im beheizten Café de Flore. Nach dem Krieg trafen sich in diesem Viertel die Existenzialisten und die internationale Presse trug wesentlich dazu bei, dass St-Germain-des-Prés zum künstlerischen und intellektuellen Mittelpunkt wurde. Viele Galerien, Boutiquen, Buchhandlungen, Antiquariate und Cafés laden zum Bummeln in den kleinen Gassen ein. Die älteste Kirche der Stadt, die ***Eglise St-Germain-des-Prés*** wurde 1163 fertig gestellt, während zu dieser Zeit mit dem Bau der Notre-Dame erst begonnen wurde. Den ***Palais du Luxembourg*** ließ Maria von Medici, die Frau des Königs Heinrich IV., 1614-1630 erbauen. Der Palast sollte nach florentinischem Vorbild gebaut werden, doch leider konnte sie den Palast nur ein Jahr genießen, dann musste sie aus Frankreich fliehen. Während der Revolution diente der Palast als Gefängnis für Prominente wie Danton. Heute tagt darin der Senat.

Im angrenzenden ***Jardin du Luxembourg*** stehen 70 Büsten von Prominenten. Im Café Procope, das bereits 1684 eröffnet wurde, brüteten schon Napoléon und Robespierre revolutionäre Gedanken aus. Am Seineufer befindet sich die längste Buchhandlung der Welt: die ***Bouquinisten*** verkaufen auf 4 km Länge seichte und anspruchsvolle Literatur, wobei sie strenge Regeln zu beachten haben: jedem Bouquinisten stehen 8 m des Geländers zu und ihre Kisten dürfen nicht höher als 1,10 m sein. Der Ursprung des Wortes „bouc" (Bock) geht auf den vermoderten Geruch des Leders und des Papiers zurück, der aus den Kisten strömte. In der 42, Rue Bonaparte kaufte sich Sartre eine Wohnung und in der 7, Rue des Grands-Augustins lebte Picasso von 1937-1947.

7. Arrondissement

Im 7. Arrondissement sind verschiedene Ministerien und Botschaften zu finden. Der französische ***Premierminister*** hat im ***Hôtel de Matignon***, in der Rue de Varenne, seinen Amtssitz. Höhepunkte dieses Arrondissements sind der ***Eiffelturm***, das ***Marsfeld Champ de Mars***, das ***Musée d'Orsay***, der ***Invalidendom*** mit seiner neu vergoldeten Kuppel und das einzige Kaufhaus am linken Ufer, das Bon Marché.

8. Arrondissement

Das 8. Arrondissement gehört zu der teuersten Gegend von Paris. Sämtliche große Namen wie Lagerfeld, Yves-Saint-Laurent, Lacroix ... sind hier zu finden. Gut bewacht wird der ***Elysée-Palast*** in der Rue du Faubourg-Saint-Honoré, in dem der französische Staatspräsident residiert.

Auf der **Champs-Elysées** schlendern am Wochenende die „Provinz-Pariser" aus den Vorstädten mit zigtausenden anderen Touristen an Restaurants, Fastfood-Ketten, dem Lido und unzähligen Kinos vorbei. Echte Pariser bummeln nicht auf der Champs-Elysées. Eine Seitenstraße ist die Avenue Montaigne, Einkaufseldorado für Leute mit super dicken Portemonnaies. Valentino, Dior, Nina Ricci haben hier ihre Boutiquen. Mit den acht sternenförmig zusammenlaufenden Straßen und dem ***Arc de Triomphe*** als Zentrum zehrt der ***Place de l'Etoile*** Tausenden von Autofahrern tagtäglich am Nervenkostüm.

9. Arrondissement

Im 9. Arrondissement befinden sich die ***Oper*** und die beiden großen Kaufhäuser, ***Les Galeries Lafayette*** und ***Le Printemps***. Die Oper (l'opéra) wurde um 1875 im Stil Napoleons III. gebaut. Sehenswert sind das Foyer und das Deckengemälde von Chagall. Über der Freitreppe befindet sich die berühmte Statue "Der Tanz". Ebenfalls einen Blick zur Decke solltet ihr im Kaufhaus "Le Printemps" tätigen. Ihr werdet über die gigantische Belle Epoque-Glaskuppel staunen. Sie wölbt sich über das Restaurant im sechsten Stock des Hauses.

10. Arrondissement

Ursprünglich sollte im 10. und 19. Arrondissement ein großes Schlachthofgelände entstehen. Anfang der 60er Jahre wurde auf Drängen Giscard d'Estaings mit diesem Großprojekt begonnen und nachdem schon viele Milliarden investiert worden waren und die Politiker merkten, dass sich dieses Projekt als völlig unrentabel erwies, wurde mit einem großen Skandal der Bau in den 70er Jahren gestoppt. Aus der Not wurde eine Tugend und die Bauruine wurde in den **Parc de la Villette** umfunktioniert. Auf einer Fläche von 40000 m^2 entstand eine grandiose „Wissenschaftsstadt". Die **Cité des Sciences et de l'Industrie** ist ein Wissenschafts- und Technikmuseum mit den beiden beeindruckenden Kinos **Géode** und **Le Cinaxe** und der **Konzerthalle Zenith** mit 6400 Plätzen.

11. Arrondissement

Das **Bastille-Viertel** liegt im 11. Arrondissement. „Der Sturm auf die Bastille" ist jedem aus dem Geschichtsunterricht bekannt. Im 14. Jh. diente die Bastille als Festung und bis zur französischen Revolution war sie ein (Nobel)-Gefängnis. Am 14. Juli 1789 begann mit dem Sturm auf die Bastille die französische Revolution. Nach der Revolution wurde sie bis auf den letzten Stein abgebaut. Seit dem Ende der 80er

Grande Arche de la Défense

La Défense

Jahre befindet sich die neue Volksoper, die Mitterrand erbauen ließ und die als ein umstrittenes Projekt betrachtet werden kann, im Südosten des Bastilleplatzes. Die Menschen im ehemals vom Möbelhandwerk geprägten Viertel befürchteten, dass ihr "Quartier" seine "Hinterhofnostalgie" aufgrund der neuen Oper einbüßen müsste und dem Wandel zu einem "Bohème-Viertel" nicht gewachsen sei. In der Tat befindet sich das Viertel in ständigem Wandel. In den Gassen um die Oper werden die vielen einfachen Cafés und Kneipen mit teuer gestylten Inneneinrichtungen aufgemotzt. Die Mieten sind gestiegen, zahlreiche Möbelwerkstätten mussten schließen und neue Galerien schossen wie Pilze aus dem Boden. Die Besserverdienenden und Yuppies machen sich in dem Viertel breit. Das Nachtleben spielt sich in der **Rue de Lappe** ab.

12. Arrondissement

Bis 1860 gehörte das 12. Arrondissement noch nicht zu Paris und da keine Stadtzölle bezahlt werden mussten, ließen sich viele Winzer hier nieder. Nach der Eingemeindung fiel dieses Privileg weg. Aber bis in die 50er Jahre blieb es ein Zentrum der Weingroßhändler. Heute ist es ein bedeutungsloseres Viertel. Der **Bois de Vincennes** lädt zum Spazierengehen und Relaxen ein. Im **Palais Omnisports de Paris-Bercy** finden Rock- und Popkonzerte statt.

13. Arrondissement

Das **Little Chinatown** liegt um den Place d'Italie im 13. Arrondissement. Ungefähr 35 000 Asiaten leben hier auf engstem Raum. Billiger und authentischer kann nirgendwo gegessen werden. Die neu gebaute **Nationalbibliothek** ist wieder einmal ein umstrittenes Projekt von Mitterrand.

14. Arrondissement

Bis zu Beginn des 20. Jhs. war das 14. Arrondissement, **Montparnasse**, wegen seiner dörflichen Ruhe bekannt. Es war absolut nichts los und das inspirierte die Künstler und Intellektuellen, von dem bereits touristischen **Montmartre** wegzuziehen und sich hier niederzulassen. Diesem Beispiel folgten viele und Montparnasse entwickelte sich dann schnell zum Treffpunkt von Künstlern und Intellektuellen. Da viele alte Häuser moderneren Neubauten weichen mussten, hat das Viertel viel von seinem Charme aus den 30er Jahren verloren. Der **Boulevard Montparnasse** ist Treffpunkt für nächtliche Streifzüge. Viele Kinos, Fastfoodbuden, Bars und Kneipen säumen den Boulevard. Außerdem liegen die Katakomben und der **Friedhof Montparnasse** in diesem Viertel.

16. Arrondissement

Das 16. Arrondissement ist ein vornehm ruhiger Wohnbezirk mit videoüberwachten Eingängen und dicken Limousinen mit Chauffeuren. Drei ländliche Gemeinden haben sich hier Mitte des letzten Jahrhunderts zusammengeschlossen und es wuchs schnell zu einem noblen Wohnviertel mit beeindruckenden Häuserfassaden im Art-déco- und Jugendstil. Ein pulsierendes Nachtleben findet in diesem Viertel nicht statt, aber es gibt einige interessante Museen wie z.B. das **Musée du Cinéma**, das **Musée de la Marine**, das **Musée de l'Homme** (Anthropologie, Ethnologie und Vorgeschichte) und das **Musée des Monuments** (Großbauten und Skulpturen bis zum 19. Jh.).

18. Arrondissement

Anfang dieses Jahrhunderts hatte Montmartre (Berg des Martyriums), 18. Arrondissement, seine beste Zeit. Auf dem **Boulevard de Clichy** und dem **Boulevard de Rochechouart** trafen sich die zwielichtigsten Gestalten aus der Unterwelt und es hatte den Ruf des verruchten, großstädtischen Lebens. Bekannt wurde das Viertel aber durch die vielen Künstler, die sich hier trafen. Die Folge waren steigende Mieten, die die jungen Künstler nicht bezahlen konnten und wegziehen mussten. Aber der Ruf ist dem Viertel geblieben. Es sind zwar noch Künstler da, doch diese sind vollkommen auf die in Massen anrollenden Busse der Kegler und Skatbrüder eingestellt. Die unzähligen Portraitzeichner haben ständig Hochkonjunktur. Die Touris strömen nicht nur wegen dem **Sacré-Coeur** in dieses Viertel, sondern auch wegen den Sexläden und Peepshows – die Reeperbahn in Paris. Die verwinkelten Gassen und kleinen Straßen haben dörflichen Charakter und die Rue Foyatier kennt man aus Verfolgungsszenen in französischen Filmen. Im **Moulin Rouge** wurde 1890 der erste Cancan getanzt und Toulouse-Lautrec gelang mit seinem Werbeplakat der große Coup. Lohnenswert ist ein Besuch auf dem **Friedhof Montmartre**.

20. Arrondissement

Im 20. Arrondissement befindet sich der **Friedhof Père Lachaise**, auf dem Jim Morrison seine letzte Ruhe fand. Er hat zwar seine Ruhe gefunden, aber seit seinem Tod ist auf dem Friedhof einiges los. Sein Grab ist das einzige, das bewacht werden muss.

Stadtgeschichte

300 v. Chr.
Die Kelten waren die ersten, die sich auf der Seine-Insel niederließen.

52 v. Chr.
Die Gallier werden von Caesars Truppen besiegt. Die Siedlung bekommt den Namen Lutetia und wird wichtige römische Kolonialstadt.

280 n. Chr.
Zerstörung Lutetias durch die Germanen. Bau einer Stadtmauer.

307 n. Chr.
Lutetia wird in Civitas Parisiorum, kurz: Paris, umbenannt.

508
Das Frankenreich hat unter Chlodwig eine neue Haupstadt: Paris

845-890
Die Stadt muss immer wieder den Angriffen der Wikinger standhalten.

987
Hugo Capet wird französischer König und die Dynastie der Kapetinger beginnt.

Le Pont Neuf

Kneipen- und Hotelpassage

1163
Die Bauarbeiten am Louvre und der Notre-Dame beginnen.

1183
Unter Philippe Auguste wird eine 6 km lange Stadtmauer gebaut und die Straßen werden zum ersten Mal gepflastert.

1253
Der Beichtvater des Königs, Robert de Sorbon, gründet für sechzehn arme Theologiestudenten ein College – die heutige Universität Sorbonne, die bald Zentrum des intellektuellen Lebens wird.

1337
Der Tod des letzten Kapetingerkönigs führt zum Ausbruch des Hundertjährigen Krieges zwischen Frankreich und England. Grund: Enkel und Thronfolger war Edouard III., König von England. Und die Franzosen wollten keinen Ausländer auf ihrem Thron. Zu dieser Zeit bricht der schwarze Tod aus und täglich werden Hunderte von Toten mit Holzkarren weggebracht.

1364
Paris hat zu dieser Zeit bereits 200 000 Einwohner. Charles V. zieht in den Louvre und es wird mit dem Bau der Bastille begonnen.

1420 bis 1436
Die Engländer besetzen Paris. Aber Ende 1436 erobert Charles VII. Paris wieder zurück. Zu Beginn des 15. Jahrunderts muss die Bevölkerung gegen einige Naturkatastrophen, wie Hochwasser und eisige Winter ankämpfen.

1572
3000 Hugenotten sterben in der Bartholomäusnacht. Die Religionskriege zwischen den protestantischen Hugenotten und den Katholiken beginnen. Sie wurden 1598 beendet.

1689
Ludwig IV. verlegt seinen Sitz zwar nach Versailles, aber der Bauboom in der Stadt geht weiter. Ca. 150 Kirchen und Klöster werden gebaut, die Stadtmauern abgerissen, die ersten Boulevards entstehen und in den neu eröffneten Cafés haben sich die Künstler und Intellektuellen getroffen. Die Stadt hat inzwischen 500 000 Einwohner.

1789
Das Volk verarmt immer mehr. Die schlechten Ernten, ständigen Preisanstiege, hohe Arbeitslosigkeit und Lebensmittelknappheit lösen mit dem Sturm auf die Bastille am 14. Juli 1789 die Französische Revolution aus. Der Louvre, Kirchen und Klöster

werden geplündert, die Königsstatuen eingeschmolzen und die Erste Republik wird ausgerufen.

1793

Unter der Guillotine, die 13 Monate auf dem Place de la Concorde aufgestellt war, verlieren 2800 Menschen ihre Köpfe. Darunter ist am 21. Januar 1793 auch Ludwig XVI. Die Jakobiner übten eine Schreckensherrschaft aus, wobei jeder Andersdenkende oder Verdächtige sofort hingerichtet wurde. Mit der Ermordung Robespierres und dem Staatsstreich Napoleon Bonapartes wurde der Terror beendet.

1804

krönt sich der Offizier aus Korsika, Napoleon Bonaparte, in der Notre-Dame selber zum Kaiser. Damit die Nachwelt seine Siege nicht vergisst, lässt er den Place de l'Etoile und den Triumphbogen bauen.

1848

Die Zweite Republik wird vom Enkel Napoleons, Louis Napoleon Bonaparte, ausgerufen. Die Industrialisierung zieht viele Leute aus der Provinz an. Die Stadt hat nun mehr als eine Million Einwohner.

1852

Napoleon III. lässt sich zum Kaiser krönen. Er hatte einen treuen Diener, den Präfekten Baron Haussmann, dessen Ziel es war, Paris völlig umzugestalten. Eine Sanierung war dringend notwendig, da sich in den kleinen verwinkelten Gassen immer mehr Menschen ansiedelten, die ohne Kanalisation und Wasser zurechtkommen mussten. Außerdem konnten die Waren nicht mehr richtig transportiert werden. Mit Parks und großzügig angelegten Boulevards sollte die Stadt verschönert werden.
Aber es gab noch einen Hintergedanken, denn in den alten, verwinkelten Gassen brodelte die Stimmung des „Pöbels" und dieser bildete die Brutstätte des revolutionären Gedankengutes. Den Sanierungsplänen fielen große Teile der Altstadt zum Opfer und es entstanden 40 000 neue Häuser. Auf den Boulevards konnten nicht nur die Menschen promenieren, sondern auch die Truppen marschieren.
Öffentliche Einrichtungen und Parks wurden angelegt, die Kanalisation ausgebaut, ein Transportsystem eingeführt und die ersten Kaufhäuser öffneten ihre Pforten. Haussmann hat die Stadt entscheidend geprägt und die Ergebnisse seiner Bemühungen sind bis heute noch erkennbar.

1870

Sturz des Kaiserreiches und Verkündigung der Dritten Republik.

1889
Für die Weltausstellung 1900 wird der Eiffelturm gebaut. Bei dieser Gelegenheit ist die erste Métrolinie in Betrieb genommen worden.

1940-1944
Paris wird von deutschen Truppen besetzt. Am 25. August 1944 wird die Kapitulation der Deutschen unterzeichnet. Die Vierte Republik wird ausgerufen. Sowohl der Algerien- als auch der Indochinakrieg führten zu einer innenpolitischen Krise und es drohte der Zusammenbruch der Vierten Republik.

1958
Um einen Militärputsch abzuwenden, rief Charles de Gaulle die Fünfte Republik aus und er wird erster Staatspräsident.

1968
Die Studentenunruhen führen zu einer Streikwelle im ganzen Land. Die Fünfte Republik droht zusammenzubrechen. Mit Neuwahlen, die die bürgerliche Partei de Gaulles gewinnt, werden die Streiks beendet und die besetzten Universitäten von der Polizei geräumt.

1981
François Mitterrand wird neuer Präsident. Unter ihm entstehen einige Großprojekte und Prachtbauten (siehe „Ein Präsident und sein Wahn“).

1989
Mit viel Tatam wird die Zweihundertjahrfeier der Revolution gefeiert. Die Glaspyramide des Louvre wird eröffnet.

1995
Jacques Chirac wird neuer Staatspräsident.

1997
Jacques Chirac macht von seinem Recht Gebrauch, die Nationalversammlung (Assemblée nationale) aufzulösen. Neuwahlen finden statt, die jedoch nicht nach seinen Erwartungen verlaufen: Die Sozialisten gewinnen und Lionel Jospin wird neuer Premierminister. Ein weiteres Mal kommt es zur sog. "cohabitation", bei der sich der gaullistische Präsident einer sozialen Regierung gegenüber sieht.

Ein großer Mann vergangener Zeiten:
Honoré de Balzac

Die Präsidenten der 5. Republik:

1959-69 Charles de Gaulle
1969-74 Georges Pompidou
1974-81 Valéry Giscard d'Estaing
1981-95 Francois Mitterand
seit 1995 Jacques Chirac

Politik

Staatsform: Nach der Verfassung vom 4. Oktober 1958 eine unteilbare, soziale und demokratische Republik. Das Parlament besteht aus 2 Kammern mit 321 Mitgliedern und der Nationalversammlung mit 577 Mitgliedern. Diese werden jeweils für 9 bzw. 5 Jahre gewählt. Nach der Verfassungsänderung vom 2.Oktober 2000 wird der Staatspräsident nun nicht mehr auf sieben, sondern nur noch auf fünf Jahre in allgemeiner und direkten Wahl vom Volk gewählt. Der Premierminister wird vom Staatspräsident ernannt und entlassen.

In Paris und Umgebung leben ungefähr 10,4 Millionen Menschen, davon sind ca. 1,4 Millionen Ausländer. Ca. 20 % der französischen Bevölkerung leben in dem Ballungsraum Paris. Die Arbeitslosenquote liegt mit 8 % wesentlich unter dem Landesdurchschnitt, der bei 14 % liegt.

Ein Präsident und sein Wahn

Baron Haussmann hat im letzten Jahrhundert mit den geradlinigen Boulevards entscheidend zu dem heutigen Stadtbild beigetragen. De Gaulle war für den Bau des größten unterirdischen Bahnhofes (Châtelet-Les Halles), des größten kontinentalen Flughafens (Roissy) und des größten Marktes (die Hallen von Rungis) verantwortlich. Der nächste Präsident, Pompidou, hat die Tour Maine-Montparnasse und das nach ihm benannte Kulturzentrum, Centre Pompidou, hinterlassen. Das Musée d'Orsay und Musée de la Villette ist unter Giscard d'Estaing gebaut worden. Dann kam Mitterrand – und er wollte anscheinend mit seinen gigantischen Bauprojekten wie Haussmann in die Geschichte der Stadt eingehen. Keiner hat seit dem letzten Jahrhundert die Stadt mehr verändert. Die Opéra de la Bastille, das Finanzministerium, das Institut du Monde Arabe, die Grande Arche im Défense-Viertel, die Glaspyramide des Louvre, die Cité de la Musique und das letzte Projekt, die Grande Bibliothèque Nationale de France sind seine Hinterlassenschaften. Außerdem ließ er anlässlich der Revolutionsfeier Monumente und Denkmäler mit hochkarätigem Gold neu bepinseln. Auf die Zweckmäßigkeit seiner Bauten hat er nie geachtet, so dass diese meistens auf heftige Kritik stießen. Aber „Dieu“ (Gott), wie er genannt wurde, hat dies nie sonderlich beeindruckt.

Minderheiten

Seit der Franz. Revolution fanden hier viele Menschen aus aller Welt Zuflucht, was sich im Charakter der Stadt wiederspiegelt. Die Russen flohen zuerst vor der zaristischen Unterdrückung, später vor der Revolution und mit mehreren russischen Kirchen ist „Klein-Russland“ in Paris entstanden. Zigtausende von Vietnamesen haben nach dem Indochinakrieg ihr Land verlassen. In „Little Chinatown“ leben die Chinesen in ihrer eigenen Welt. In diesem Viertel gibt es kaum Arbeitslosigkeit und Kriminalität, da die Familienbande sehr eng ist und jedes Familienmitglied mitgetragen wird. Die größte jüdische Gemeinde Europas lebt vorwiegend im Viertel Marais. In Paris leben auch viele Einwanderer aus den ärmsten Teilen Portugals, Spaniens und Italiens.

Die Arbeitsemigranten, die „Travailleurs immigrés“, kommen vorwiegend aus Afrika. Sie sind die billigsten Arbeitskräfte, machen die schmutzigste Arbeit und leben zusammengepfercht in heruntergekommenen Gettos. Die Einwanderer aus den Französische Departements Martinique und Guadeloupe sind zwar Franzosen – aber sie sind schwarz – und sie müssen sich mit den gleichen rassistischen Problemen wie die Afrikaner auseinandersetzen.

Ungefähr 20 % der Ausländer sind Portugiesen, 15 % Algerier, 10 % Marokkaner und 8 % Schwarzafrikaner. Die Italiener machen nur 3 % des Ausländeranteils aus. Aber fremd sind nicht nur diejenigen, die aus dem Ausland kommen. Auch die eigenen Landsleute, die von der Provinz in die Stadt kommen, haben Probleme mit der Integration.

Free Paris

Paris ist nach Tokio die teuerste Stadt der Welt und ihr werdet schnell merken, dass euch das Geld aus den Händen fließt, ohne dass ihr genau wisst, wo es geblieben ist. Aber es gibt tatsächlich noch ein paar Möglichkeiten, kostenlos etwas zu erleben. Im Office du Tourisme, 127, Av. des Champs-Elysées, 8e, könnt ihr euch mit Bergen von kostenlosen Prospekten und Infomaterialien eindecken.

Straßenkünstler und Sonstiges

In Paris fällt es nicht schwer, auch im Winter in den Straßencafés zu sitzen. Die überall aufgestellten Heizpilze sorgen dafür, dass euch beim Trinken des Milchkaffees (grand crème) die Hände nicht kalt werden. Genießt dieses in Deutschland ungekannte Vergnügen und beobachtet die verfrorenen, vorbeihuschenden Passanten, die über die leeren Plätze eilen. Im Frühling jedoch, wenn die ersten Sonnenstrahlen die Plätze erwärmen, strömen alle aus ihren vier Wänden und die Zeit der Straßenmusiker, Akrobaten, Zauberkünstler beginnt. Darunter sind hervorragende Darbietungen, die man kostenlos genießen kann. Ein Besuch in einem Café ist zwar nicht ganz kostenlos, aber man kann Stunden hier sitzen, ohne dass man von den Kellnern gedrängt wird, noch etwas zu bestellen. Und dabei gibt es viel zu sehen...

Friedhöfe

Auf dem Prominentenfriedhof Cimetière du Père Lachaise, 65, Blvd. de Ménilmontant, 20e, ruht nicht nur Jim Morrison, sondern auch viel andere Prominenz. Auf dem Friedhof bekommt ihr einen Plan – und los geht's. Etwas ruhiger ist es auf dem Cimetière de Montparnasse, Blvd. Edgar Quinet, 14e. Hier sind u.a. die Gräber von Jean-Paul Sartre und Simone de Beauvoir. Prächtig und pompös sind die Gräber auf dem Cimetière de Montmartre, 20, Av. Rachel, 18e.

Galerien

FNAC Galerie Photo: Wechselnde, interessante Fotoausstellungen, 1, Rue Pierre-Lescot, Métro: Châtelet-Les Halles, Mo-Sa 10-19.30 Uhr.
Espace Photographique de Paris, Nouveau Forum des Halles, Place Carré, Grande Galerie, Métro: Les Halles, Di-Fr 13-18 Uhr, Sa und So bis 19 Uhr. Fotografen stellen nach Themen aus.

Nicht nur die Prachtfassade der Pariser Oper lockt,
auch die Treppe lädt zum Verweilen ein.

Museen

Musée de la Parfumerie, 9, Rue Scribe, Métro: Opéra. Täglich (außer So) 9.30-17 Uhr, www.paris.org/Musees/Fragonard/info.html

Musée de Tabac, 12, Rue Surcouf, Métro: Invalides. Täglich (außer So) 11-19 Uhr.

Musée du Grand Orient et de la Franc-Maçonnerie (Museum über das Leben der Freimaurer), 16, Rue Cadet, Métro: Cadet. Täglich (außer So) 14-18 Uhr, www.godf.org/musee.htm

Musée National d'Art Moderne, Centre Pompidou, sonntags 10-14 Uhr kostenlos.

Musée National des Arts et Métiers des Techniques, 292, Rue St-Martin, Métro: Réaumur-Sébastopol. Täglich (außer montags) 10-17.30 Uhr

Musée Dapper (Museum für afrikanische Kunst), 50, Av. Victor Hugo, Métro: Victor Hugo. Mi. kostenlos.

Kristallmuseum, 30bis, Rue de Paradis, Métro: Gare de l'Est.

Musik

Im **Flèche d'Or**, einem großen Café, das früher ein Bahnhof war, finden fast täglich kostenlose Konzerte statt. Das Café ist ab 18.30 geöffnet, die Sessions beginnen um 20 Uhr. 102, Rue de Bagnolet, 20e, Métro: Porte de Bagnolet.

In der Disko „**La Casbah**", 18-20, Rue de la Forge Royale, 11e, Métro: Faidherbe-Chaligny, ist Mo-Do der Eintritt frei.

Die Disko „**Les Bains**", 7, Rue du Bourg-l'Abbé, 3e, Métro: Etienne-Marcel, hat Mo-Do und So kostenlosen Eintritt.

„**Café de la Plage**", 59, Rue de Charonne, 11e, Métro: Ledru-Rollin. Reggae, Funk und Salsa. Di-Do Eintritt frei.

„**Club Club**", 3, Rue André Antoine, 18e, Métro: Pigalle. Jazz, Poesie und Disko.

„**Le Moloko**" ist eine superlaute Disko in der 26, Rue Fontaine, 9e, Métro: Blanche. Freier Eintritt am Mo, Di, Fr und So.

Klassische Musik

Orgelkonzerte finden in vielen Kirchen statt. Im Pariscope findet ihr mehr Infos.
Notre-Dame, jeden Sonntag 17.30 Uhr; St-Sulpice jeden Sonntag um

10.30 Uhr; Eglise St-Merri immer Samstag um 21 und Sonntag um 18 Uhr; Eglise de la Madeleine jeden Sonntag 16 Uhr.

Jazz

Jazz gibt's im Musée d'Art Moderne, 11, Av. du President Wilson, 16e, Tel. (01) 47 23 61 27

Maison de la Radio France, 116, Av. du President Kennedy. Anmeldung unter Tel. (01) 42 30 15 16. Ihr könnt bei Musikaufnahmen für Radioübertragungen zuhören – 1 Stunde vor Beginn am Schalter sein.

Journées du Patrimoine:
Zwei Tage im September können die Sehenswürdigkeiten kostenlos besucht werden.

Film

Im Park von La Villette findet von Mitte Juli bis Mitte August ein Openairkino statt. Bringt eine Decke mit.

Sights

Die Lesesäle und der Innenhof der Universität Sorbonne, die Bibliothek im Institut du Monde Arabe, der Justizpalast, das Auktionshaus Drouot, Centre Pompidou (außer den Galerien).

Nicht kostenlos – aber günstig

Kino

„La mairie de Paris vous invite..." „Die Stadt Paris lädt Sie ein..." – ins Kino. Im Februar kosten die Filme zwischen 17 und 19 Uhr nur 2,75 €.

Theater

Im Frühjahr werden die Leute mit speziellen Angeboten ins Theater gelockt: Ein Platz bezahlen und zwei dafür bekommen.

Konzert

Ebenfalls zwei Plätze zum Preis von einem. Aber nur in Konzertsälen.

Ausflug ins Disneyland

Disneyland liegt 32 km östlich von Paris. Seid ihr im Besitz der Paris Visite, könnt ihr diese benutzen und mit der RER Linie A fahren. Der Eintritt beträgt in den Wintermonaten 23 €, über Weihnachten und vom 27. März bis 28. September 30 €. Dann habt ihr Zutritt zu 50 Attraktionen und den Shows. Deutschsprachige Auskunft unter Tel. 06196-5980, INTERNET: http://www.disney.de

Surfen im Internet

Wer sich bereits zu Hause mit den aktuellsten Veranstaltungstipps eindecken möchte, bekommt bei folgenden Adressen gute Informationen:

www.paris.org
Auf Englisch erhaltet ihr zu allen Themenbereichen und aktuellen Veranstaltungen umfangreiche Auskünfte. Keine speziellen Szenetipps.

www.traxxx.de/travelguide/Paris
Topaktuelles, deutsches Programm, das jede Woche erneuert wird. Enthält alle aktuellen Trends, Kulturveranstaltungen und Szenetipps.

www.wetter.com
Wenn ihr wissen wollt, wie in Paris das Wetter ist, schaut hier nach.

pariscope.fr
Das wöchentlich erscheinende Pariser Stadtmagazin im Internet. Aktueller kann es nicht sein. Aber auf französisch.

www.timeout.co.uk
Große Auszüge aus dem Time Out Paris Guide, in englisch. Gibt sehr gute Szenetipps.

www.travel-overland.de
Super günstige Billigflüge weltweit

Internetcafés

Hamman Café
In der vegetarischen Kneipe finden an den Wochenenden Konzerte statt und unter der Woche könnt ihr im Internet surfen. 4, Rue des Rosier, 4e

Cyberia Café
In der Eingangshalle des Centre Pompidou stehen 18 PCs. Dazu gibts Kaffee oder Kleinigkeiten zum Essen. Mo-Fr 12-22 Uhr (Di geschlossen), am Wochenende 10-22 Uhr. 19, Rue Beaubourg, 4e

Café Orbital
Das Essen bestellt ihr aus der hauseigenen Web-Seite. Die Benutzung der E-Mail-Box kostet pro Minute 15 cent Franc, eine halbe Stunde 4,50 €. Ein Einführungs-Crashkurs kostet 45 €/ Person. 13, Rue de Médicis ,6e

UGC WoldNet
Das größte Cyber Café in der Stadt. 15 Minuten kosten 2,30 €, eine Stunde 7,60 €, inklusive Homepage und E-Mail-Box. Täglich 13.30-21.30 Uhr. Place de la Rotonde au Forum des Halles, 1er

Bonjour tout le monde

Vor dem nächtlichen Streifzug durch die Viertel noch schnell eine Runde im Internet surfen? Kein Problem. Groß und Klein trifft sich hier. Eine Stunde kostet 8,40 €. Mo-Sa 8-19.30 Uhr. 18, Rue Pérignon, 7e.

High Tech Café

Ein riesiges High Tech Café in Montparnasse mit 30 PCs. 30 Min. kosten 1,50 €. Von 12-19 Uhr geöffnet. Centre Commercial Tour Montparnasse.

Planet Cyber

Ein originelles Café für Studenten, in dem ihr neben der Spielerei Hamburger und anderes amerikanisches Food verdrücken könnt. 30 Min. kosten 4,50 €. Mo-Fr 8.30-20 Uhr, So 11-20 Uhr. 173, Rue de Vaugirard, 15e.

Net Coffee

Eine australische Kette, die in Paris ein australisches Café eröffnet hat. 30 Minuten kosten 4,50 €. Aber in der Happy Hour von 19-21 bezahlt ihr nur den halben Preis. 27, Rue Lacépède, 5e.

La Place de la Concorde

Die Sehenswürdigkeiten der Stadt

Arc de Triomphe

„Ein Berg von Steinen auf einem Berg des Ruhms“ so bezeichnete Victor Hugo den Triumphbogen.
1806 ist der Bau von Napoleon I. in Auftrag gegeben worden, wurde jedoch erst 1836 von Louis-Philippe fertiggestellt. Auf den Innenwänden sind seine Siege und die Namen von 660 Generälen verewigt. Mit einer Parade wurde hier der 1. Weltkrieg beendet und seit 1920 flackert am Grab des Unbekannten Soldaten das ewige Licht. Guter Blick von der Plattform des 50 m hohen Bogens.
Place Charles de Gaulle Etoile, Métro: Charles de Gaulle Etoile. April-September täglich von 9.30-18 Uhr, Oktober-März 10-17.30 Uhr. Eintritt: 5 € (inklusive Besuch des kleinen Museums, in dem der Bau des Triumphbogens dokumentiert wird).

Centre National d'Art et de Culture Georges Pompidou

Nach 8 Jahren Bauzeit wurde 1977 das Centre Pompidou eröffnet. Pompidou, damals Präsident, wollte mit diesem Bauwerk ein Lebenswerk hinterlassen. Was ihm zweifellos gelungen ist. Die aufsehenerregende Architektur stieß auf viel Kritik. Alle tragenden Teile, Leitungen, Schächte und die Rolltreppe in Plexiglasröhren, sind nach außen verlegt und die Assoziation mit einer Raffinerie kann nicht ganz geleugnet werden. Auf dem Vorplatz geht jeden Tag die Post ab – Feuerschlucker, Akrobaten, Jongleure und Zauberer zeigen ihre Kunststücke. Im Gebäude befinden sich: das Musée National d'Art Moderne (M.N.A.M), eine Grande Galerie, das Institut zur Erforschung und Koordination von Akustik und Musik und eine öffentliche Bibliothek. Die Bibliothek hat 1300 Leseplätze, doch diese sind ständig überfüllt. Am Infoschalter könnt ihr erfahren, was zur Zeit abgeht.
120, Rue St. Martin, Métro: Rambuteau. Dienstags geschlossen. Ansonsten von 12-22 Uhr und am Wochenende ab 10 Uhr. Eintritt 5,30 €.

Champs-Elysées

1667 mussten die Wiesen und Felder dem Baubeginn der Champs-Elysées weichen. Die High Society konnte sich nun in ihren Kutschen bewundern lassen. Aber erst Mitte des letzten Jahrhunderts wurde der Boulevard gepflastert und mit mondänen Häusern bebaut. Mit Eröffnung der ersten Cafés wurde die Champs-Elysées für alle Bevölkerungsschichten eine beliebte Flaniermeile. Heute hat der Boulevard seinen noblen Touch längst verloren. Die teuren Mieten können sich nur noch die ganz „Großen" leisten. Banken, ausländische Konzerne, Versicherungen und Fastfoodketten säumen den Boulevard. An den Wochenenden latschen zwar immer noch Hunderttausende über die Champs-Elysée, das sind aber vorwiegend Touristen oder Franzosen aus der Provinz. Der echte Pariser bummelt hier nicht. Jährlich findet am 14. Juli auf der Champs-Elysées die Parade zum Gedenken an die Revolution statt.

Katakomben

„Halt – hier beginnt das Reich des Todes" steht am Eingang zur Unterwelt. Über sechs Millionen Schädel und Knochen liegen fein säuberlich übereinander gestapelt. Ein makabres Schauspiel. Im Mittelalter dienten sie als Steinbrüche oder Zufluchtsort für Verfolgte und als die Friedhöfe zu klein wurden, brachte man 1785 die ersten Skelette hierher. 1810 waren sie zum ersten Mal für die Öffentlichkeit zugänglich – aber 1830 wurden sie wieder geschlossen. Während des 2. Weltkrieges versteckten sich hier die französischen Widerstandskämpfer.

1, Place Denfert-Rochereau, 14e, Tel. (01) 43 22 47 63, Métro: Denfert-Rochereau. Eintritt 4,10 €. Di-Fr 14-16 Uhr, Sa und So 9-11 und 14-16 Uhr.

Louvre

Begonnen hat alles mit einer Festung, die König Philippe Auguste Ende des 12. Jh. zum Schutz gegen die Engländer bauen ließ. Erst im 14. Jh. wurden die Gemäuer unter Charles V. zur königlichen Residenz. Von nun an wurde ständig an- und umgebaut. Die ersten Gemälde wurden 1545 unter König François I. aufgehängt, der ein leidenschaftlicher Kunstsammler war. Ludwig XIV. brachte von seinen Feldzügen „kleine Mitbringsel" mit und vergrößerte die Sammlung von 200 auf stattliche 2000 Bilder. Heute dagegen sind auf 60 000 m^2 ungefähr 300 000 Kunstgegenstände und 16 000 Gemälde ausgestellt. Jedes Jahr strömen an die 5 Millionen Besucher in den Louvre. Highlights sind natürlich die ewig lächelnde Mona Lisa, die Venus von Milo und der Maria-di-Medici Zyklus von Rubens. Die umstrittene Glaspyramide des Haupteinganges ist eine Idee des sino-amerikanischen Architekten IEOH MING PEI und ist mit 358 Millionen Euro sicher der teuerste Eingang der Welt – wieder mal ein Großprojekt Mitterrands. 3 € kostet ein Führer für die Schnelldurchläufer und ein etwas ausführlicherer Katalog kostet 9,15 €. Rue de Rivoli, Métro: Palais Royal-Musée du

Louvre. Täglich 9-18 Uhr, Mi bis 21.45 Uhr. Dienstag geschlossen. Eintritt: 6,40 €, nach 15 Uhr und sonntags 4 €. Jeden 1. Sonntag im Monat freier Eintritt. Stellt euch auf lange Schlangen an der Kasse ein. Am ruhigsten ist es nach 18 Uhr.

Notre-Dame

Wer kennt sie nicht – die bekannteste Kirche der Welt. Mit dem Bau der heute wichtigsten Kathedrale wurde 1163 begonnen. Seit der Fertigstellung 1330 wurden hier in prunkvollen Zeremonien verschiedene Könige gekrönt, Hochzeiten gefeiert und Trauerfeiern der Königshäuser abgehalten. Während der Französischen Revolution wurden große Teile zerstört, die Kirche verlor zusehends an Bedeutung und verfiel immer mehr. Erst 1831, nach Veröffentlichung des Romans „Notre-Dame de Paris" von Victor Hugo, mit dem verunstalteten Glöckner Quasimodo in der Hauptrolle, ist das Interesse der Öffentlichkeit wieder erwacht und sie wurde restauriert. Vor der Kirche befindet sich der Point Zéro des Routes de France. Von diesem Punkt 0 werden die Entfernungen gemessen.

Place du Parvis Notre-Dame, 4e, Métro: Cité. Eintritt für die 69 m hohen Türme: 4,30 €, Studenten 4 €. Täglich 9.30-18.30 Uhr.

Die Kathedrale ist täglich von 8-17 Uhr geöffnet.

La Place de la Concorde

König Louis gab den Bau in Auftrag. Während der französischen Revolution war auf dem Platz die Guillotine aufgestellt, unter der 2800 Menschen geköpft wurden. Darunter waren u.a. König Louis XVI. und seine Frau Marie Antoinette. Der in der Mitte drappierte Obelisk wurde im Jahre 1833 aufgestellt und ist ein „kleines" Geschenk des ägyptischen Königs Méhémet Ali.

Pont-Neuf

Der Name ist etwas irreführend, denn die Pont Neuf ist keine „neue", sondern die älteste Brücke der Stadt. Mit dem Bau wurde 1578 begonnen und bei der Einweihung 1604 galoppierte König Henri IV. vor einer großen Menschenmenge in rasendem Tempo über die Brücke. Sie misst stattliche 325 Meter, ist 29 Meter breit und hat 12 Bögen.

Sacré-Coeur

Die Sacré-Coeur ist eines der beliebtesten Postkartenmotive. Der abgelagerte Kalk vermittelt den Eindruck, als sei die romanisch-byzantinische Kirche mit Zuckerguss bestreut worden. 1870 war Frankreich politisch und wirtschaftlich ziemlich am Ende und um sich mit der Kirche und Gott gut zu stellen, wurde der Bau einer Basilika beschlossen. Es wurde 1875

Das Prachtstück der Stadt: der Eiffelturm

zwar damit begonnen, aber da der Hügel, auf dem sie gebaut werden sollte, ziemlich durchlöchert war, wurde es ein 40jähriger Bauprozess. Sie wird von 85 verankerten Pfeilern getragen und zynische Zungen behaupten, dass die Kirche den Hügel trägt und nicht der Hügel die Kirche.
35, Rue du Chevalier de la Barre, Métro: Anvers. Bei genügend Puste kann der Turm täglich von 9-19 Uhr über 250 Stufen erklommen werden. Eintritt 2,30 €.

Tour Eiffel

Der Eiffelturm ist das bekannteste Wahrzeichen von Paris und kaum mehr wegzudenken.
Der Eiffelturm wurde, anlässlich der Weltausstellung 1889, von dem deutschstämmigen Gustave Eiffel konstruiert und in zwei Jahren mit 50 Ingenieuren gebaut. Er sollte den Fortschritt der französischen Wissenschaft und Technik symbolisieren und entfachte hitzige Diskussionen über die Nutzlosigkeit und die seltsame Ästhetik. Er wurde als hohler Kerzenleuchter bezeichnet und 300 Künstler und Intellektuelle (für jeden Meter Metall stand ein Künstler) protestierten „im Namen des französischen Geschmacks und der bedrohten französischen Kunst“. Einer der kritischen Gegner, Maupassant, spottete, dass er nun immer im Restaurant des Eiffelturms essen müsste, denn das wäre die einzige Möglichkeit, den Eiffelturm nicht sehen zu müssen.
Ursprünglich wurde er für 20 Jahre aufgestellt und 1909, als die Frist auslief, gab es erneut heftige Diskussionen, ob er nun stehen bleiben oder abgerissen werden soll. Um die Notwendigkeit des Eiffelturms zu demonstrieren, ließ Eiffel ein Labor der Meteorologie errichten. Und als die Funkstation installiert wurde, war er vor dem endgültigen Aus gerettet. Seit 1925 wird er auch als Fernsehstation genutzt. Bis zum Bau des New Yorker Chrysler Buildings war der Eiffelturm mit seinen 312 Metern (mit Fernsehantenne 320 Meter) das höchste Gebäude der Welt. Es sind 18 000 Metallteile verschraubt und 2,5 Millionen Nieten verarbeitet worden. Er wiegt 7000 t und ist mit 50 t Farbe bestrichen. Wenn ihr euch schnaufend die Treppen hochquält, stellt euch vor, wie ein Elefant die Stufen hochgestampft ist, ein Schneider mit Ikarusflügeln von der 1. Plattform sprang (der Ausgang dieses Unterfangens muss wohl nicht erwähnt werden), ein Biker die Treppen hinunterfuhr, ein Kletterer von außen hochgeklettert ist, zwei Engländer mit dem Fallschirm abgesprungen sind, Akrobaten auf Seilen balanciert sind, ein Pilot mit seiner Maschine unter dem Bogen durchgeflogen ist, sich 300 Menschen in den Tod stürzten.

Anlässlich der Zweihundertjahrfeier wurde er 1989 mit neuer Farbe bestrichen. Für die Silvesterfeier 1999/2000 war das Nobelrestaurant Jules-Verne bereits seit Mitte der 90er Jahre ausgebucht.

Champ de Mars

Täglich 9-23 Uhr. Eintrittspreise: 1. Plattform (57m) 3/6,10 € zur 2. Plattform (115m) und 8,50 € bis ganz nach oben (275m). Wer die Stufen bevorzugt, bezahlt 1,80 € bis zur 2. Plattform. Die Schlangen vor dem Aufzug sind unglaublich lang. Wenn ihr nicht den halben Mittag mit Warten verbringen wollt, geht am besten gleich um 10 Uhr.

Forum des Halles

Die alten Markthallen Les Halles wurden bereits 1854 unter Napoléon III. erbaut. Nachdem in der Nähe des Flughafen Orly die neue Großmarkthalle Rungis eröffnet wurde, sind die alten Hallen 1972 abgerissen worden und jahrelang klaffte an dieser Stelle ein riesengroßes Loch. 1979 wurde mit dem Bau des „Hallenprojektes" aus Beton, Aluminium und Stahl begonnen. Das Forum ist das größte Einkaufszentrum der Stadt. Vier unterirdische Stockwerke mit 300 Einzelhandelsgeschäften und einem immensen Freizeitangebot: Museen, Kinos, Ateliers, Ausstellungsräume und einem Hallenbad.

Institut du Monde Arabe

Ein supermodernes Gebäude aus Stahl, Beton, Glas und Aluminium. Interessant sind die Fenster auf der Südseite, die je nach Lichteinfall unterschiedliche Farben annehmen. Eine Bibliothek, das Museum und ein Forschungsinstitut sollen Einblicke in die arabische Welt vermitteln.
1, Rue des Fossés-Saint-Bernard, 5e, Métro: Jussieu. Eintritt: 3,80 €.

Panthéon

Als König Louis XV. 1744 schwer erkrankte, schwor er, im Falle seiner Genesung, eine Kirche bauen zu lassen. Er wurde wieder gesund und die Kirche wurde gebaut. Aufgrund größerer Geldknappheit zog sich der Bau schleppend dahin und das Panthéon wurde erst 1789 fertiggestellt. 100 Jahre lang wechselte seine Funktion zwischen Kirche und Ruhmeshalle. Seit dem Tode von Victor Hugo 1885 ist es nun definitiv die Ruhestätte von Persönlichkeiten wie Emile Zola oder Victor Hugo.
Place du Panthéon, Métro: Cardinal-Lemoise. Öffnungszeiten: 10-17 Uhr. Eintritt: 4 €.

La Défense

Das „Manhattan von Paris", wie es auch genannt wird, ist eine gigantische Trabantenstadt. In dem futuristisch wirkenden Einkaufs- und Geschäftszentrum arbeiten 100000 Menschen in den Hochhäusern, 20000 wohnen hier. Eine Schnellstraße führt um das Viertel, auf dem Gelände sind keine Autos zu sehen – sie parken unterirdisch. Bereits Napoleon träumte von einer „kaiserlichen Straße" und die **Grande Arche** liegt tatsächlich auf der Verlängerungsachse von der Place de l'Etoile. La Grande Arche ist eine technische Meisterleistung, an der sechs Jahre gebaut wurde. Die Notre-Dame hätte ohne Probleme darunter Platz und der Eiffelturm wirkt wie ein Leichtgewicht gegenüber diesem Gebilde, bei dem allein eine Säule 7000 t wiegt. An der Grande Arche gibt es ein Infocenter Espace Info-Défense, in dem ihr deutschsprachige Kassetten mit Plan ausleihen könnt (6,90 €). Am Modell könnt ihr euch einen Überblick über das futuristische Gebilde machen. Mit den gläsernen Aufzügen könnt ihr auf das Dach fahren (unter der Woche bis 19 Uhr, am Wochenende bis 20 Uhr). Zu dem Viertel gehören ein Kongresszentrum, Hotels, Einkaufszentren, Kinos, das Hemisphärenkino Dôme Imax und es finden immer wieder Open-Air-Konzerte statt.

Parks

Nach anstrengenden Shoppingtouren und kräftezehrenden Fußmärschen durch die Innenstadt könnt ihr in einem der Parks eure Lungen wieder volltanken. Die Parks wurden von verschiedenen Königen angelegt und diese legten Wert auf exakte Symmetrie, geraden Linien und bloß keine wildwachsenden Pflanzen. Deshalb Achtung: das Benutzen der Parkanlagen unterliegt strengen Regeln. Für deren Einhaltung sorgen die Parkwächter.

Der **Parc de la Villette** liegt um die Cité des Sciences und bietet Erholung für Groß und Klein. Der **Parc des Buttes Chaumont** ist eine Anlage der Illusionen, in der alles künstlich angelegt wurde: See, Wasserfall, Hängebrücke, kleiner Tempel und sogar die Wälder. Aber dennoch ein angenehmer Ort zum Relaxen. Der **Bois de Vincennes** ist mit 995 ha der größte Wald von Paris. Spazier- und Wanderwege, verschiedene Seen, ein Zoo, Blumenpark und ein Bauernhof garantieren Erholung.

Tausende von Parisern strömen an den Wochenenden in den **Bois de Boulogne**. Während hier früher in den großen Waldgebieten die Könige auf die Jagd gingen, führen heute Straßen

La Défense

hindurch. An Attraktionen und Aktivitäten hat er einiges zu bieten: Pferderennbahnen, Museen, Golfplatz, Gärten und Restaurants. Es lohnt sich, vor dem Jardin d'Acclimatation ein Fahrrad zu mieten und durch den Park zu radeln.

Tipp: Bringt am besten etwas zum Picknicken mit, denn die Preise für Snacks und Getränke sind nicht gerade günstig.

Achtung: Nachts ist dieser Park zu meiden – hier floriert die Prostitution. Es wird geschätzt, dass jede Nacht hunderttausende Mark die Besitzer wechseln.

Ein typischer französischer Garten ist der **Jardin du Luxembourg**. Eine Oase zum Relaxen. Lohnenswert ist ein Besuch im Théâtre des Marionettes (Tel. (01) 43 26 46 47; Mi, Sa und So 15 und 16 Uhr, 20 F).

Weitere Grünanlagen sind der **Jardin des Tuileries, Jardin du Palais Royal und der Jardin des Plantes.** Letzterer wurde 1626 von einem Naturforscher in königlichem Auftrag angelegt. In dem ursprünglichen Heilpflanzengarten wachsen in den Gewächshäusern an die 10000 verschiedene Pflanzen. 57, Rue Cuvier, 5e.

DAS SIND JA SCHÖNE AUSSICHTEN!

Ein paar Spots, um Paris von oben zu sehen. Aber nur wenn das Wetter passt. Die beste Aussicht hat man vom Eiffelturm. Hoch hinaus geht's ebenfalls vom Arc de Triomphe und der Notre-Dame. Die Sacré-Coeur ist mit ihrer 80 m hohen Kuppel die höchste Erhebung im Norden. Das Hochhaus Tour Montparnasse hat im 59. Stockwerk eine Freiluftterrasse. Die Grande Arche von La Défense hat in 110 m Höhe ebenfalls eine Freiluftterrasse. Interessant ist hier noch die aus Marmor und Granit erstellte Himmelskarte.

Tipp: Kostenlose Aussicht könnt ihr vom 4. Stock des Centre Pompidous oder von einem der Kaufhäuser La Samaritaine, Les Galeries Lafayette oder Le Printemps genießen.

Stadtrundfahrten

Wenn ihr gut französisch könnt, sind die 1,5-stündigen kulturgeschichtlichen Führungen bei **Amicale Inter-Guides**, Tel. (01) 42 68 01 04 oder **Troismil**, Tel. (01) 45 63 99 11 ganz gut.

Deutschsprachige Rundfahrten bieten

Paris-Vision, 214, Rue de Rivoli, 1er, Tel. (01) 42 60 31 25
Cityrama, 4, Place des Pyramides, 1er, Tel. (01) 42 60 30 14. Für eine zweistündige Tour legt ihr 23 € hin, für den ganzen Tag 70 €. Zwischen 9.30 und 14.30 Uhr stündliche Abfahrt an der Place des Pyramides.

Tipp: Setzt euch in einen öffentlichen Bus und fahrt durch die Gegend. Die Nr. 29 fährt zu der Opéra Garnier, zum Centre Pompidou, durch das Marais Viertel und endet bei der Bastille.

Die Nr. 69 kurvt durch das Quartier Latin, am Louvre und dem Rathaus vorbei und endet in der Nähe der Bastille. Die Nr. 73 fährt die Champs-Elysées entlang und endet beim Musée d'Orsay.

Paris zu Fuß

Organisierte Touren veranstaltet die **Caisse Nationale des Monuments Historiques et des Sites**. Die Touren haben verschiedene Schwerpunkte, wie Besichtigungen von Stadtvierteln, Museen, Parks und Sehenswürdigkeiten. Hotel de Sully, 62, Rue Saint-Antoine, 4e, Tel. (01) 42 74 22 22.
Intermèdes bietet Stadtrundgänge durch verschiedene Viertel, einschließlich dem Besuch traditioneller Cafés. 60, Rue la Boetie, 8e, Tel. (01) 45 61 90 90.

Auf dem Wasser

Sightseeing auf dem Wasser. Das ist auch eine Möglichkeit, Paris kennen zu lernen. Die **Bateaux-Mouches** starten täglich ab 10 Uhr alle 30 Minuten für 6,10 € an der Pont de l'Alma, 8e, zu einer 1,5stündigen Seinefahrt (Tel. (01) 42 25 96 10). Mit dem **Batobus** (Tel. (01) 44 11 33 44) seid ihr mit 9,10 € dabei. Die günstigere Variante sind **Les Bateaux-Parisiens** (Tel. (01) 44 11 33 55). Vom Port de la Bourdonnais beim Eiffelturm bis zum Rathaus bezahlt ihr 3 €.

In Paris fließt nicht nur die Seine. Es gibt auch drei miteinander verbundene Kanäle, die befahren werden können. Tel. (01) 46 07 13 13, Abfahrt Mo-Sa 9.15, Bassin de la Villette, 19e, Quai de la Loire, Métro: Jaurès.

Paris aus ganz anderer Sicht: Führungen durch die Kanalisation:
Egouts de Paris, Pont de l'Alma, Tel. (01) 47 05 10 20, Di-Sa 11-17 Uhr.

Friedhöfe

Der berühmteste Friedhof der Stadt ist der Cimetière du Père Lachaise. Hier liegen die Überreste von Balzac, Bizet, Chopin, La Fontaine, Molière, Piaf, Proust... und Jim Morrison. Am Eingang gibt's für 1,50 € einen Plan, auf dem die Gräber eingezeichnet sind. Der Weg zu Jim's Grab ist nicht zu übersehen. Sein Grab ist das Einzige, das bewacht wird. 65, Blvd. de Ménilmontant, 20e, Métro: Père-Lachaise oder Gambetta. Täglich von 8-18 Uhr geöffnet.

Tipp: Am Todestag von Jim Morrison, dem 8. Dezember, steigt in der Kneipe, in der er seinen Whisky schlürfte, jährlich eine heiße Party. Restaurant Le Beautreillis, 17, Rue Beautreillis, 4e.

Auf dem **Cimetière de Montmartre** fanden unter anderen Heine, Truffaut, Offenbach die letzte Ruhe. Zolas Grab ist leer – seine Überreste wurden ins Panthéon gebracht.
20, Av. Rachel, 18e, Métro: Blanche oder Place de Clichy.

Das Grab von Jim Morrison ist übrigens für alle Tage ein Tipp. Dieser wirkliche Rebell gegen das Langweilige und Bürgerliche genießt auch in der xy-Generation höchstes Ansehen. Der Beweis: Sein Grab ist stets von jungen Leuten umlagert und es ist das einzige Grab der Welt, das ständig bewacht wird. Etwas ruhiger ist es auf dem Cimetière de Montparnasse. Aufgrund seiner skurrilen Monumente und den kleinen Grabhäuschen ist er einen Besuch wert. Persönlichkeiten wie Baudelaire, Sartre, Simone de Beauvoir, Ionesco liegen hier begraben. 3, Blvd. Edgar-Quinet, 14e, Métro: Raspail oder Edgar Quinet.

Das Grab von Jim Morrison.

Museen & Galerien

Das Angebot an Museen und Galerien ist Bücher sprengend. Ihr könnt Tage und Wochen darin verbringen und habt immer noch nicht alles gesehen. Die Pariser Künstlerwelt musste sich vom Schock der Rezession erholen, bei der viele Galerien aufgrund der staatlichen Kürzungen und fehlenden privaten Investoren schließen mussten. Aber nun hat die Kunstszene wieder an die große Metropole New York Anschluss gefunden. Aber so schnell wie die Galerien aus dem Boden schießen, so schnell verschwinden sie auch wieder. Die meisten Galerien findet ihr in der Nähe des Centre Pompidou (3^e und 4^e), der Ecole des Beaux Arts (6^e) und im Bastilleviertel (11^e).

Einmal jährlich (meistens im Oktober) wird unter dem Titel „Le Genie de la Bastille“ ein Tag der offenen Tür veranstaltet. In den Galerien liegt ein monatlich erscheinendes Faltblatt mit den aktuellen Adressen und Ausstellungen aus. Wenn ihr im Pariscope nachschlagt, seid ihr auch up to date. Im August sind fast alle Galerien geschlossen! Die Pariser Museen sind nicht billig und Studentenermäßigung ist nicht überall obligatorisch. Falls ihr einen Museumsmarathon vorhabt, kauft euch am besten einen 1-Tagespass für ca. 10.70 € oder einen 3-Tagespass für 21.30 €. Das hat auch noch den Vorteil, dass das nervige Schlangestehen entfällt.

Große Museen

Musée du Louvre

Ein Mammut-Museum mit ca. 300000 Werken – darunter das wohl Bekannteste: die lächelnde Mona Lisa. Besorgt euch am besten einen Plan (3 € für einen Schnelldurchgang oder 9,10 € für einen detaillierteren Katalog). Lange Warteschlangen. Eintritt 7,50 €, nach 15 Uhr 5 €. Dienstags geschlossen, ansonsten von 9-18 Uhr, Mi bis 22 Uhr. Der Richelieu-Flügel hat montags bis 22 Uhr geöffnet. www.louvre.fr

Cité des Sciences et de l'Industrie La Villette

Ein Wissenschafts- und Technikmuseum, in dem vieles selber ausprobiert und getestet werden kann. Im **Planetarium** wird das Sonnensystem erläutert, im Cinaxe geht's fliegend durch den Grand Canyon und im Hemisphärenkino Géode werdet ihr in die Bergwelt versetzt. Museums-Eintritt 6,90 € (ohne Kino- und Planetariumsbesuch). Di-So 10-18 Uhr, Mi 12-20

Uhr. 30, Av. Corentin-Cariou, Métro: Porte de la Villette. www.cite-sciences.fr

Kunstmuseen

Centre National d'Art et de Culture Georges Pompidou

Kunst des 20. Jahrhunderts. Kubismus, Surrealismus, Pop-Art. 5,30 €. Täglich 12-22, Sa und So ab 10 Uhr. Dienstags geschlossen. 120, Rue St-Martin, Métro: Rambuteau. www.chac-gp.fr

Musée d'Orsay

Seit 1939 stehen die Züge auf dem Bahnhof still. Und eigentlich hätte die Bahnhofshalle abgerissen werden sollen, aber sie wurde in letzter Minute gerettet und 1978 unter Denkmalschutz gestellt. Allein wegen der grandiosen Architektur ist ein Besuch lohnenswert. Schwerpunkt ist die Kunst von der Mitte des 19. bis Anfang des 20. Jahrhunderts sowie Skulpturen, Bilder und Fotografien. 7 €, Di, Mi, Fr und Sa 10-18 Uhr, Do bis 21.45 und So 9-18 Uhr. 1, Rue de Bellechasse, 7e, Métro: Solférino. www.musee-orsay.fr

Musée Grévin

Ein Wachsfigurenkabinett aus dem Jahre 1882. Die Abteilungen sind untergliedert in Politik und Sport, Geschichte und Kunst. Außerdem wird eine Ton-Licht-Show gezeigt. Täglich 13-19 Uhr. Eintritt 7,60 €. 10, Blvd. Montmartre, 9e, Métro: Rue Montmartre. Das Musée Grévin, Grand Balcon, im Forum des Halles zeigt Berühmtheiten aus der französischen Geschichte.

Musée de la Curiosité

Die Geschichte der Zauberei und Magie – der Besucher kann sich mit magischen Spiegeln und optischen Täuschungen in die Irre führen lassen. Kunststücke und Zaubertricks gehören mit zum Programm. Eintritt 6,90 €. Nur mittwochs und am Wochenende von 14-19 Uhr geöffnet. 11, Rue St-Paul, 4e, Métro: St-Paul.

Musée Minéralogie

An die 5000 Mineralien können betrachtet und bewundert werden. Jedoch nur Liebhabern zu empfehlen, denn bei so viel Steinen könnte doch Langeweile aufkommen. 4,60 € Eintritt. Di-Fr 13.30-18 Uhr, Sa 10-12.30 und 14-17 Uhr geöffnet. Ecole des Mines, 60, Blvd. St-Michel.

Musée National des Arts d'Afrique et d'Océanie

Es ist wenig los, aber das Aquarium im Keller und die afrikanische Kunst sind ganz interessant. Und wer weiß schon etwas über Ozeanien oder

Neu-Guinea? Wer der französischen Sprache nicht mächtig ist, hat schlechte Karten, da alles auf französisch erklärt wird. Eintritt 4,10 € (unter 25 nur 2,70 €). Mo, Mi-Fr 10-12 und 14-17.30 Uhr; am Wochenende 10-18 Uhr. 293, Av. Daumesnil. 12ᵉ, Métro: Porte Dorée.

Museumsmix

Musée du Cinéma Henri Langlois

Als die Bilder laufen lernten – anhand von ca. 5000 Ausstellungsstücken wird in 19 Sälen die Geschichte des Kinos dokumentiert – von der Laterna magica des 18. Jh., über den Stummfilm, zu den Anfängen des Tonfilms, bis in das moderne Zeitalter Hollywoods. Eintritt 3,80 €. Außer Mo und Di täglich mehrmals Führungen. Palais de Chaillot, Place du Trocadéro, Métro: Trocadéro.

Musée de la Poste

Für Philatelisten besonders geeignet – diese kommen voll auf ihre Kosten. Es wird aber auch die Geschichte der Post und des Kommunikationswesens erläutert. Eintritt 2,70 €, Studenten 2 €. Mo-Sa 10-18 Uhr. 34, Blvd. de Vaugirard, 15ᵉ, Métro: Montparnasse.

Futuristisch: Pyramide beim Louvre

Klassisch: Kunst im Louvre

Musée de la Monnaie

In diesem Raum wurden früher die Münzen geprägt und heute ist eine große Münzsammlung darin untergebracht. Es dreht sich alles um das liebe Geld. Eintritt 3 €. Montags geschlossen, ansonsten von 13-18 Uhr, mittwochs bis 21 Uhr.
11, Quai de Conti, 6e, Métro: Pont-Neuf.

Musée Carnavalet

Für richtige Parisfans ein Muss. Die Geschichte der Stadt von ihren Anfängen bis heute. Eintritt 4,10 €. Täglich (außer Mo) 10-17.40 Uhr. 23, Rue de Sévigné, 3e, Métro: St-Paul.

Musée de la Contrefacon

Hier ist einmal ausnahmsweise nichts echt, alles nur vorgetäuscht. Eine Sammlung von originellen Fälschungen. 16, Rue de la Faisanderie, 16e, Métro: Porte Dauphine. Eintritt 1,50 €, Mo, Mi 14-16.30 Uhr, Fr 9.30-12 Uhr.

Musée des Lunettes et Lorgnettes

Wer hat welche Brille getragen? Ein von Brillen Besessener Optiker hat eine stattliche Sammlung von 3000 Teilen zusammengetragen – darunter ist auch die Brille des Dalai Lama. Di-Sa 10-12 und 14-18 Uhr. 380, Rue St-Honoré, 8e.

Weiterhin interessante und relevante Häuser sind:

Musée Picasso

5, Rue de Thorigny, 3e, Métro: St-Paul. 4,10 €. Tägl. außer Di 9.30-18 Uhr. In dem prachtvollen Hôtel Salé, das bereits 1656 erbaut wurde, haben die 200 Gemälde, Skulpturen und Zeichnungen einen würdigen Rahmen. Guter Überblick über seine verschiedene Perioden.

Musée Rodin

77, Rue de Varenne, 7e, Métro: Varenne. 4,10 € Eintritt. Tgl. (außer Mo) 9.30-17.45 Uhr. Bildhauer mit großen Werken. Lebte von 1908 bis zu seinem Tode 1917 hier. Traumhafter Garten.

Maison de Balzac

47, Rue Raynouard, 16e, Métro: Passy. 2,70 €. Tgl. (außer Mo) 10-17.40 Uhr. Hier komponierte er – ziemlich verschuldet und unter falschem Namen – an dem kleinen Holztisch seine berühmtesten Werke, dabei trank er bis zu 30 Tassen Kaffee am Tag.

Placard d'Erik Satie

6, Rue Cortot, 18e, Tel. (01) 42 78 15 18. Sicher das kleinste Museum der

Welt. Satie lebte sehr bescheiden in einem kleinen Zimmer, das nach Vereinbarung zu besichtigen ist.

Musée Pasteur

25, Rue du Docteur-Roux, 15e, Métro: Pasteur. 2,30 €. Täglich (außer am Wochenende) 14-17.30 Uhr. In dieser Wohnung lebte er von 1888 bis 1895 und man hat den Eindruck, er ist nur mal schnell um die Ecke gegangen.

Eugène Delacroix-Museum

6, Rue de Furstemberg, 6e. Täglich (außer Di) 9-17 Uhr. Nach der Renovierung sind das Atelier und die Wohnung wieder geöffnet.

Musée Victor Hugo

6, Place des Vosges, 4e, Täglich 10-17.45 Uhr. Lebte ab 1832 für 16 Jahre hier. Interessant für Literaten.

Musée Edith Piaf

5, Rue Crespin-du-Gast, 11e, Métro: Ménilmontant. Ein winziges Museum in der Wohnung des „Spatz von Paris". Geöffnet Mo-Do 13-18 Uhr.

KULTUR PUR

Kino

Die Franzosen sind Europas Kinonation Nr. 1. Wenn ihr in der Stadt irgendwo eine lange Schlange seht, kann das Kino nicht mehr weit sein. Der Film, der in der Hauptstadt schlechte Kritiken bekommt, hat kaum eine Chance, in der Provinz gezeigt zu werden. Die Filme laufen meistens in Originalfassung mit Untertiteln (v.o. version originale). Eine Eintrittskarte kostet um die 7,60 €! Einen Vorverkauf gibt es nicht. Platzanweiser/Innen erwarten ca. 0,30 € Trinkgeld. Mittwochs werden die Filme gewechselt.

Zwei Tipps:

Billiger ist es in den Mittagsvorstellungen und den ganzen Montag und/oder Mittwoch. Studenten bekommen manchmal auch abends ermäßigte Preise – aber nicht an den Wochenenden.

In einer Woche im Februar kosten die 18-Uhr-Vorstellungen 2,70 €.
Ein Super-Angebot, aber auch superlange Schlangen.

Im **Pariscope** und **l'Officiel du Spectacle** findet ihr die aktuellen Informationen. Unter Tel. (01) 40 30 20 10 gibt es auf französisch einen 24-stündigen Film-Informationsservice.

Es gibt viele Programmkinos (Cinémas d'Art et d'Essai), die sich auf bestimmte Themen oder Länder spezialisiert haben.
Im **Vendôme** an der Oper werden Tanzfilme und Musicals gezeigt.
Lateinamerikanische Filme sind Mittelpunkt im **Latina**.
Der Fanclub der Rocky Horror Picture Show trifft sich seit vielen Jahren im **Studio Galande**, und im **Le Ranelagh** wird nur ein Film gezeigt, der Klassiker unter den französischen Filmen: Die Kinder des Olymp.
Die Spezialität des **Entrepôt** ist die anschließende Diskussion mit dem Regisseur.
Amerikanische Klassiker werden im **Mac Mahon** gezeigt.
Im **Champo** laufen die Klassiker aus den 40er Jahren.

Mit großen Leinwänden beeindruckt das **Max Lindner Panorama** (18 x 10 m) oder das Kinopanorama, das eine Projektionsfläche von 200 m^2 hat.

Das größte Kino der Stadt ist **Le Grand Rex**. Alle Hollywoodschwar-

La Conciergerie

„La Fontaine Stravinsky“
von Nicky de Saint-Phalle und Jean Tinguely

ten laufen hier natürlich an und ihr seid mit 2799 anderen Kinogängern nicht allein. Eintritt: 7 € (Studenten 5,50 €, Vormittagsvorstellung um 11 Uhr 3,80 €).
* 1, Blvd. Poissonnière, 2e, Tel. (01) 36 65 70 23, Métro: Bonne Nouvelle.

Das **Gaumont la Pagode** ist beeindruckend. Ihr fühlt euch nicht nur wie in einem Tempel – ihr seid in einem. Er wurde 1896 aus Japan als kleines Hochzeitsgeschenk importiert. In dem kleinen Gartencafé könnt ihr euch auf den Film mental vorbereiten.
* 57 bis, Rue de Babylone, Métro: St-François-Xavier. Eintritt: 6,50-7 € (5,50 € F für Studenten und Mittwochs-Spezialpreis)

Special

Die **Cinémathèque Française** ist ein Mekka für Cineasten. Die großen Klassiker werden nach thematischen Reihen gezeigt. Außerdem stehen seltene Filme und Hommagen an Schauspieler und Regisseure auf dem Programm. Palais de Chaillot, 7, Av. Albert-de-Mun, Tel. (01) 45 53 21 86, Métro: Trocadéro.

In der **Vidéothèque de Paris** werden nur Filme von/über Paris gezeigt, die nach Themen sortiert sind: Cafés, Jazz, Werbeclips, Wochenschauen, Spielfilme u.v.m. Das Repertoire besteht aus ca. 5000 Filmen – und alle haben nur ein Thema: Paris. Ihr könnt euch auch selbst Filme auswählen und diese auf Videogeräten anschauen. Eintritt 5,30 €. Di-Sa 12-21 und So 10-21 Uhr. Etage 2, Grande Galerie Forum des Halles, Métro: Châtelet-Les Halles, 1er.

Das **Dôme Imax** zeigt 3 D-Filme.
La Défense, Tel. (01) 46 92 45 50, Métro: Grande Arche

La Géode beeindruckt mit einer hemisphärischen Leinwand von 1000 m^2 und einem Durchmesser von 26 m. In den Schalensitzen überkommt euch ein futuristisches Feeling und man fühlt sich mitten im Geschehen. Eintritt 8,40 €. Täglich (außer Mo) 10-21 Uhr immer zur vollen Stunde. 26-30, Av. Corentin-Cariou (im Parc de la Villette), Tel. (01) 42 05 50 50, Métro: Porte de la Villette, 19e

Das **Cinaxe** ist nichts für sensible Gemüter. In einem Flugsimulator gehts ab durch den Gran Canyon oder in die Berge. Täglich (außer Mo) 10-18 Uhr, alle 15 Minuten. 26-30, Av. Corentin-Cariou, 19e

Tipp: Seid ihr ab Mitte Juli bis Mitte August in Paris, packt eine Decke und eine Flasche Rotwein in den Rucksack und fahrt in den **Park von La Vi-**

lette, wo ihr das **Cinéma en plein air à la Villette**, ein großartiges Freiluftkino, genießen könnt.
Im Juni findet das **Festival du Cinema** statt, bei dem ihr euch an einem Tag mehrere Filme zum Preis von einem reinziehen könnt.

Theater

Nirgends auf der Welt gibt es mehr Theater als in Paris. Dramen, Komödien, zeitgenössische Werke, experimentielle Stücke oder politisches Theater – die Vielfalt ist grenzenlos. Um euch einen Überblick zu verschaffen, kauft das ***Pariscope*** oder ***L'Officiell des Spectacles***, entscheidet euch schnell und versucht, eine übrig gebliebene Eintrittskarte zu ergattern.

Verbilligte Theaterkarten für den gleichen Tag werden verschleudert bei:
FNAC-Etoilé, 26, Av. de Wagram, 8ᵉ, Métro: Charles-de-Gaulle-Etoile, Tel. (01) 47 66 52 50

FNAC-Forum, Forum des Halles, 1ᵉʳ, Métro: Les Halles, Tel. (01) 42 61 81 18
FNAC-Montparnasse, 136, Rue des Rennes, 6ᵉ, Métro: Montparnasse-Bienvenue, Tel. (01) 45 44 39 12.
Theaterkasse, 15, Place de la Madeleine, Métro: Châtelet-Les Halles, Di-Fr 12.45-19 Uhr.

In der Film- und Theaterzeitschrift ***L'Avant-Scène*** findet ihr die detailierten Hintergrundinformationen über die Stücke.

Die ***Comédie-Française*** wurde 1680 von Louis XIV. gegründet und ist eines der ältesten Theater der Stadt. Es werden vorwiegend klassische Stücke in traditionellen Aufführungen gespielt. Molière starb während der Aufführung „Der eingebildete Kranke" auf der Bühne. Das Ensemble hat „Beamtenstatus" und ist unkündbar – die Comédie-Française wird mit hohen Beträgen subventioniert. 2, Rue Richelieu, Tel. (01) 40 15 00 15, Métro: Palais Royal Tickets kosten zwischen 6,90 und 25 €.

Sozialkritische Stücke werden im ***Théâtre national de Chaillot***, Place du Trocadéro, 16ᵉ, Tel. (01) 47 27 81 15, aufgeführt.

Das ***Bouffes du Nord*** zeigt unter Anleitung des Engländers Peter Brook außergewöhnliche, interessante, und zum Teil sehr gewagte Produktionen. Die Eintrittspreise sind relativ human – sie liegen zwischen 9,10 und 20 €.

Im ***Théâtre de la Huchette*** wird seit 1951 das gleiche Stück von Ionesco aufgeführt. 23, Rue de la Huchette, 5ᵉ, Tel. (01) 43 26 38 99, Métro: St-Michel. Eintritt 15,20 € (Studenten 12,20 €)

Moderne Tanzimprovisationen, experimentelle und kritische Stücke werden im *Théâtre de la Bastille* aufgeführt. 76, Rue de la Roquette, 11e, Tel. (01) 43 57 42 14. Métro: Bastille. Eintritt 15,20/12,20 € Studenten.

Wenn ihr die französische Sprache ganz gut beherrscht, lohnt sich ein Besuch in einem *café-théâtre*. Der Name ist etwas irreführend, da es eigentlich kein Café und auch kein Theater ist. Die Stimmung ist locker und ungezwungen, die Stühle sind meistens recht unbequem und das „Ensemble" besteht aus wenigen Mitspielern.

Im *Café de la Gare* hat man 90 Minuten gute Unterhaltung – Depardieu und Miou-Miou demonstrierten hier ihre schauspielerischen Fähigkeiten. 41, Rue du Temple, 4e, Métro: Hôtel de Ville, Tel. (01) 42 78 52 51. Sonntag und Montag geschlossen, Eintritt zwischen 12,20 und 15,20 €.

Jeden Abend werden im *Café d'Edgar* drei satirische Stücke aufgeführt. 58, Blvd. Edgar-Quinet, 14e, Métro: Edgar-Quinet, Tel. (01) 42 79 97 97. Eintritt 12,20 €, für Studenten unter der Woche 9,90 €.

Die legendären Revuen und Cabarets wie *Le Lido* oder das *Moulin Rouge* zocken ganz schön ab. Die Eintrittspreise fangen bei 71 € an, da ist die dazugehörende halbe Flasche Champagner nur ein kleines Trostpflaster.

Szene-Filme im Kino

Persönlichkeiten aus Wachs im Théatre Grévin

Events, die jährlich stattfinden und Spaß versprechen

Die Pariser lieben Feste und Festivals. Ständig gibt es in einem Arrondissement etwas zu feiern. So wird z.B. auf dem Montmartre der Geburtstag des Wortes „Bistro(t)" am 30. März gefeiert. Es könnten unzählige Feste aufgezählt werden, schaut am besten in den altbewährten Veranstaltungsprogrammen nach.

Januar

Ende Januar/Anfang Februar wird im 13. Arrondissement zwischen der Av. d'Ivry und der Av. de Choisy das Chinesische Neujahrsfest mit farbenfrohen Kostümen gefeiert.

April

Am ersten Sonntag im April wird auf der Pferderennbahn von Auteuil beim Prix du Président de la République um hohe Preisgelder getrabt. Ende April/Anfang Mai joggen tausende von LäufernInnen beim Paris Marathon durch die Innenstadt.

Mai

Von Ende Mai bis Mitte Juni stehen hohe Preisgelder auf dem Spiel: Tennis ist angesagt. Wenn ihr Karten für die French Open wollt, schreibt an die French Tennis Federation, 2, Av. Gordon-Bennett, 75016 Paris, Tel. (01) 47 43 48 00, Métro: Porte d'Auteuil.

Juni

Am 21. Juni wird bei der Fête de la Musique in ganz Paris auf den Straßen und Plätzen Musik gemacht – die ganze Stadt ist auf den Beinen...
Mitte Juni treffen sich die Pariser bei der Fête du Pont Neuf.
Ebenfalls im Juni finden die bekannten Filmfestspiele statt (genauen Termin aus der Zeitung entnehmen). Eine witzige Veranstaltung ist der Course des Garçons de Café. An die 500 Kellner spurten mit vollen Tabletts um die Wette.

Juli

Am 14. Juli ist französischer Nationalfeiertag und es wird mit Militärparaden und einem großem Feuerwerk der Sturm auf die Bastille von 1789 gefeiert.

Am vorletzten Sonntag im Juli rollen die Fahrer der Tour de France auf der Champs-Elysées ein.

September

Von Ende September bis Mitte Dezember findet das Festival d'Automne mit hochklassigem Theater, Musik und Tanz statt.

Oktober

Für Jazzfreaks ist das Festival de Jazz de Paris ein unbedingtes Muss. Jazz vom Feinsten. Nähere Auskünfte erhaltet ihr unter Tel. (01) 40 56 07 17.
Die Highsociety zeigt sich im Hippodrome de Longchamp im Bois de Boulogne zum Prix de l'Arc de Triomphe, dem bedeutendsten Pferderennen der Saison.

November

Am 3. Donnerstag im November werden in den Restaurants und Cafés die Weingläser mit dem Beaujolais Nouveau gefüllt.

Dezember

Am 31. Dezember knallen tausende Sektkorken auf den Straßen und es wird viel Geld für Feuerwerkskörper verpulvert.

Stadtmedien

Stadtmagazine

Das **Pariscope** erscheint jeden Mittwoch und kostet ca. 0,45 €. Das **L'Officiel des spectacles** kostet 0,30 €. Wenn ihr euch mit einem der beiden Stadtmagazinen ausrüstet, seid ihr gut bedient und es kann euch nichts entgehen. Das monatlich erscheinende **Nova** ist ein Szeneblatt für 1,50 € und bringt mehr Hintergrundstories.

Zeitungen

Da sich ganz Frankreich auf Paris konzentriert, gibt es keinen Unterschied zwischen lokaler und nationaler Presse.

Die älteste und auflagenstärkste Tageszeitung ist der eher rechtskonservative **Le Figaro**. Übrigens: die Frauenzeitschrift Marie Claire hat eine höhere Auflage als Le Figaro. Das seriöseste und informativste Blatt ist der linksliberale **Le Monde**, der mit der Times verglichen werden kann. Jean-Paul Sartre gründete 1973 die nonkonformistische Zeitung **Libération**. Diese widmet sich den Randgruppen und informiert mit ausführlichen, zum Teil zynischen Reportagen. Früher waren Werbeanzeigen in der Zeitung verpönt, aber heute hat auch hier der Kommerz Einzug gehalten. Sehr gut ist der tägliche Veranstaltungskalender. Die Zeitung ist zwar immer noch links, aber viel moderater und der bissige Unterton ist weicher geworden.

Wochenzeitungen sind **Le Point, Le Nouvel Observateur** und der ehemalige linksliberale, intellektuelle **L'Express**. Unabhängig-halblinks ist **L'Evénement du jeudi** und für politisch-satirische Schlagzeilen sorgt **Le Canard Enchaîné**.

Das kostenlose **Paris** wird von der Stadtverwaltung herausgegeben und enthält Infos und Veranstaltungstipps.

Fernsehen

Wer nicht verkabelt ist, hat die Wahl zwischen sechs Kanälen. Davon sind nur zwei staatlich: FR 3 mit vielen Kulturprogrammen und Antenne 2, die ganz gute Dokumentarfilme zeigt. Die Privaten sind: Canal Plus mit viel Sport und Dokumentarfilmen, La Sept bringt viel Kultur, M 6 zeigt Spielfilme, Musikvideos und BBC-Dokumentarfilme, TF 1 ist für die seichtere Unterhaltung wie Talk-Shows, Soap-Operas und Quizsendungen zuständig.

Radio

Bis 1981 gab es nur drei oder vier Radiosender – und diese standen unter staatlichen Aufsicht. Die Piratensender wurden immer wieder von der Polizei demontiert. Erst unter Mitterrand wurde das Rundfunkmonopol aufgehoben und Randgruppen, Minderheiten oder Einzelkämpfer bekamen die Chance, sich über das Radio Gehör zu verschaffen.

Eine kleine Auswahl aus den unzähligen Stationen, die sich meistens jeweils auf ein Thema spezialisiert haben: Internationale Hits auf NR (100,3 MHz), auf 105,5 MHz (France Infos) werden die neuesten Nachrichten rund um die Uhr gesendet. Musik und Nachrichten gibt es auf 87,8 MHz (France Inter) oder 104,3 MHz (Rtl), rockiger Sound tönt auf 103,9 MHz (RFM), Rap-Funk-Blues gibt es zwischen 19.30 und 21 Uhr auf 101,5 MHz (Radio Nova), und wenn ihr afrikanischen/karibischen Sound hören wollt, schaltet auf 92,6 MHz (Tropic FM).

Die großen Pariser Défilés (hier Lacroix) gehören mit
zu den spektakulärsten Events des Jahres

Unterkunft

Das Übernachten reißt fast bei jeder Reise das größte Loch in den Geldbeutel. Besonders in Großstädten ist das Preisniveau für's Übernachten sehr hoch und wer Freunde in Paris hat, kann sich glücklich schätzen. Die günstigsten Einzelzimmer fangen bei 15 € an, aber die Ansprüche dürfen da nicht allzu hoch sein – an eine eigene Dusche ist nicht zu denken. Die kann nochmals bis 4,60 € extra kosten. Wenn ihr für die Übernachtung tiefer in die Tasche greifen wollt, gibt es absolut keine Probleme, etwas Passendes zu finden. Aber wir bleiben in der unteren Preisklasse und haben aus den verschiedenen Stadtvierteln einige Jugendherbergen und günstige Hotels zusammengetragen.

Wichtig ist, dass ihr die Reise rechtzeitig plant und die Unterkunft früh bucht – besonders in den Sommermonaten. So könnt ihr euch viel Zeit und Ärger ersparen.

Jugendherbergen

Um in einer Jugendherberge übernachten zu können, braucht ihr einen Jugendherbergsausweis.

Auberge de Jeunesse d'Artagnan.
Bei 411 Betten ist der Geräuschpegel im Sommer entsprechend hoch. Aber dafür trifft man immer andere Traveller. Die Übernachtung in einem 4-Bettzimmer kostet 17 € (inklusive Bettwäsche und Frühstück). Die Rezeption hat bis Mitternacht geöffnet.
80, Rue Vitruve, 20e,
Tel. (01) 43 61 08 75,
Métro: Porte de Bagnolet.

Auberge de Jeunesse Jules-Ferry.
In der Nähe des Place de la République liegend, ist dieser Ort bei Travellern aller Nationen sehr beliebt. Die Rezeption hat zwar rund um die Uhr geöffnet, es ist aber ratsam, sich schon früh morgens um ein Bett zu kümmern. Eine Übernachtung kostet, inklusive Frühstück, 17 €. Gepäckaufbewahrung ca 0,80 €.
8, Blvd. Jules-Ferry, 11e,
Tel. (01) 43 57 55 60,
Fax (01) 40 21 79 92,
Métro: République.

Auberge Internationale des Jeunes
Eine beliebte Adresse bei Rucksackreisenden, die die Nächte im Bastille-Viertel unsicher machen wollen. Die Zimmer sind für zwei bis sechs Personen und kosten inklusive Frühstück ca. 14 €. Die Rezeption ist rund um die Uhr geöffnet. Eine Wäscherei und Gepäckaufbewahrung befindet sich im Haus, und ihr könnt mit Kreditkarten bezahlen.
10, Rue Trousseau, 11ᵉ,
Tel. (01) 47 00 62 00,
Fax (01) 47 00 33 16,
Métro: Bastille oder Ledru-Rollin.

Maubuisson
Gute Adresse für das Marais-Viertel. Ein altes Fachwerkhaus mit freundlichen Leuten an der Rezeption. In den Zimmern schlafen drei bis acht Leute, alle Zimmer haben eine Dusche und Waschbecken. Sehr stark frequentiert, deshalb früh buchen. Pro Person/Nacht inkl. Frühstück ca. 18 €.
2, Rue des Barres, 4ᵉ,
Tel. (01) 42 72 72 09,
Métro: Hôtel de Ville.

Le Fauconnier
Ein kleiner Garten gehört zu dem mit Efeu und wildem Wein bewachsenen Haus. 4-Bettzimmer kosten pro Person/Nacht 18 € (mit Dusche).
11, Rue du Fauconnier, 4ᵉ,
Tel. (01) 42 74 23 45.

Weitere Adressen von Jugendherbergen und Jugendhotels

BVJ Centre International de Paris/Louvre
20, Rue Jean-Jacques Rousseau, 75001 Paris, Métro: Louvre,
Tel. (01) 42 36 88 18.

BVJ Centre International de Paris/Opera
11, Rue Thérèse, 75001 Paris, Métro: Pyramides, Tel. (01) 42 60 77 23,
20 € Nacht/Person.

F.U.A.J. (Fédération Unie des Auberges de Jeunesse)
Jugendherbergsverband, 27, Rue Pajol, 75018 Paris, Tel. (01) 46 07 00 01. Das Vermittlungsbüro für Jugendhotels ist: A.J.F. (Accueil des Jeunes en France), 119, Rue St-Martin, 4ᵉ, Tel. (01) 42 77 87 80, Métro: Rambuteau (gegenüber des Centre Pompidou). Mo-Sa 9-17.45 Uhr. Die Übernachtung kostet um die 19 €.

Weitere Zweigstellen:
Gare du Nord, 10ᵉ, Tel. (01) 42 85 86 19 (im Sommer täglich von 8-22 Uhr geöffnet, im Winter geschlossen) oder 139, Blvd. St-Michel, 5ᵉ, Tel. (01) 43 54 95 86. Vermittelt bis zu 10 000 Betten

Tipp: Das A.J.F ist auch eine Art Reisebüro, das Tickets, Fahrkarten, Essensmarken für die Mensen u.a. verkauft. Hilfsbereite und freundliche Angestellte, die euch bei Problemen gerne weiterhelfen.

Wenn ihr bei längeren Aufenthalten im Studentenwohnheim wohnen wollt, wendet euch an:
Cité Universitaire, 19, Blvd. Jourdan, 14e, Tel. (01) 45 89 68 52 oder schaut am schwarzen Brett bei der American Church, 65, Quai d'Orsay, 7e, vorbei.

Camping

Es gibt zwar drei größere Campingplätze, aber zwei davon liegen ziemlich außerhalb. Camping au Bois de Boulogne, Allée du Bord-de-l'Eau, Tel. (01) 45 24 30 00, Métro: Porte de Maillot .

Der Platz hat das ganze Jahr geöffnet, ist aber im Sommer immer restlos überfüllt. Und da keine Reservierungen entgegen genommen werden, braucht ihr viel Geduld. Ein Pendelbus fährt vom Campingplatz bis zur Metrostation.

Die Seine, im Hintergrund der Dom

Springbrunnen auf der Place de la Concorde

Hotels

Sainte Bastille Opéra (Bastille)
Das kleine Hotel mit nur 19 Zimmern liegt nur ein Steinwurf von der Opéra Bastille entfernt. EZ ab 18 €, DZ ab 24 €. 9 Zimmer sind mit Bad. Duschen sind kostenlos.
6, Rue de la Roquette, 11e,
Tel. (01) 43 55 16 06, Métro: Bastille.

Hôtel Baudin (Bastille)
Große, farbenfrohe Zimmer mit angenehmer Atmosphäre und ziemlich ruhig gelegen. 19 Zimmer, davon sind 7 mit Dusche. EZ kosten ca. 18 €, DZ 30 € (Frühstück 3,80 €).
113, Av. Ledru-Rollin, 11e,
Tel. (01) 47 00 18 91,
Métro: Ledru-Rollin.

Hôtel de Bordeaux (Belleville)
Die Zimmer sind zwar etwas düster, aber dafür sauber und günstig. Das Einzelzimmer kostet zwischen 15 und 18 €, das Doppelzimmer 18 bis 23 €. Der Typ an der Rezeption ist zwar freundlich, aber er wird euch in das teuerste Zimmer stecken wollen. Fragt nach, ob nicht ein günstigeres frei ist. 66 Zimmer, 34 mit Bad.
3, Rue Lémon (am Blvd. de Belleville) 20e, Tel. (01) 40 33 98 15,
Métro: Belleville.

Hôtel du Commerce (Montmartre)
In den Zimmern bröckelt zwar die Farbe von den Wänden, aber das Preis-Leistungsverhältnis ist in Ordnung und es ist immer schwierig, eines von den 34 Zimmern zu ergattern. Reservationen sind nicht möglich. Deshalb: Seid früh dort! Die Einzel- und Doppelzimmer kosten ohne Dusche zwischen 13 und 15 €. Mit Dusche kosten sie zwischen 17 und 18,30 €.
34, Rue des Trois-Frères, 18e,
Tel. (01) 42 64 81 69,
Métro: Abbesses.

Hôtel Métropole La Fayette
Das Hotel liegt zwar zwischen drei belebten Straßen, aber der Preis ist o.k. Die Zimmer sind sauber, angenehm und für Pariser Verhältnisse sehr günstig. EZ ab 17 € (23 € mit Dusche), DZ 20 € (27,50 mit Dusche), Frühstück 2,30 €.
204, Rue La Fayette, 10e,
Tel. (01) 46 07 72 69,
Métro: Louis Blanc.

Hôtel Henri V
Supergute Lage – nur ein paar Schritte von Notre-Dame entfernt. Rustikales, angenehmes Ambiente in herrschaftlichem Gemäuer. 22 Zimmer, davon 9 mit Bad. EZ 17-41 €, DZ 34-41 €, inklusive Frühstück. Ruft einige Tage vorher an.

25, Pl. Dauphine, 1er,
Tel. (01) 43 54 44 53,
Métro: Pont Neuf.

Société Modern Hôtel (Montmartre)

Mitten im Zentrum von Cafés, Kneipen und Bars und nur einen kurzen Fußmarsch von der Sacré-Coeur entfernt. Spartanische Zimmereinrichtung, aber es ist frisch gestrichen worden. Einzel- und Doppelzimmer kosten 20 €. Dusche 3 €. Wenn ihr die Dusche im Zimmer haben wollt, bezahlt ihr zwischen 26 und 33 € (ein zusätzliches Bett kostet ca. 7,60 €). 62, Rue Ramey, 18e, Tel. (01) 46 06 29 40, Fax (01) 46 06 48 74, Métro: Jules Joffrin.

Hôtel de l'Espérance (Montparnasse)

Das „Hotel der Hoffnung" liegt in einer ruhigeren Straße des Viertels. Einige der 17 Zimmer sind mit Glotzkästen ausgestattet. Wenn ihr diese nicht einschaltet, habt ihr einen Blick über die Dächer von Montparnasse. EZ und DZ kosten 29 €, 40 € mit Dusche. Frühstück 3,80 €, Dusche 3 €.
1, Rue de Grancey, 14e,
Tel. (01) 43 21 41 04,
Métro: Denfert-Rochereau.

Grand Hôtel du Loiret (Le Marais)

Ignoriert die kitschige Einrichtung und genießt die zentrale Lage.
30 Zimmer, 5 mit Bad. EZ ab 21 €, DZ ab 24 €. Mit Dusche ab 32 €. Frühstück 3,80 €, Dusche 2,30 €.
8, Rue des Mauvais-Garçons, 4e,
Tel. (01) 48 87 77 00,
Métro: Hôtel de Ville.

Grand Hôtel Jeanne-d'Arc (Le Marais)

Mitten im Zentrum von Marais. Neu renoviert, große und moderne Zimmer mit Bad, Telefon und Fernseher.
EZ und DZ 295-450 F.
63 Zimmer, Frühstück ca. 5,30 €.
3, Rue de Jarente, 4e,
Tel. (01) 48 87 62 11, Métro: St-Paul.

Hôtel du Globe (St-Germain-des-Pres)

Eine ganz originelle Atmosphäre. Spiegel, uralte Steinmauern und Holzdecken. Wenn ihr etwas mehr ausgeben wollt, ist dies ein heißer Tipp.
EZ 39 €, DZ mit Bad ab 53 €.
15, Rue des Quatre-Vents, 6e,
Tel. (01) 46 33 17 29, Métro: Odéon.

Hôtel de Nesle (St-Germain-des-Pres)

Die Zimmer sind nach verschiedenen Themen ausgestattet. So könnt ihr

z.B. in einem ägyptischen Zimmer übernachten. Tolle Atmosphäre und ein gutes Preis-Leistungsverhältnis. Leider werden keine Reservierungen entgegengenommen. Also: früh hin. EZ ab 30 €, DZ ab 38 €. 20 Zimmer, davon 10 mit Bad. Duschen sind kostenlos, Frühstück ca. 3,80 €.
7, Rue de Nesle, 6^{e}
Tel. (01) 43 54 62 41, Métro: Odéon.

Frühstücken

Macht es wie die Franzosen. Setzt euch in eines der zahlreichen Cafés, bestellt einen Café crème, dazu ein Croissant, lest die Zeitung oder beobachtet die Szenerie. Die Franzosen stehen nicht auf großartige Frühstückszeremonien.

Café Beauborg

Im Hintergrund läuft ruhige Jazzmusik und wer keine Zeitung dabei hat, kann sich ein Buch aus einem Regal holen. Postmodernes Ambiente. Das Frühstück besteht aus Toast, Croissant, Eier, Saft, Kaffee und kostet 10 €. Es ist zwar nicht ganz billig, aber die Atmosphäre ist toll. Hier lässt sich der Tag gut beginnen. Täglich 8-1 Uhr. Riesige Terrasse. 43, Rue St- Merri (am Platz Centre Pompidou)

Chez Papa

Spezialität sind die ausgezeichneten omelette paysanne, gefüllt mit Tomaten, Schinken, Kartoffeln und Pilzen (5,20 €). Mo-Sa 7-2 Uhr, So 10-2 Uhr. 6, Rue Gassendi, 14e, Métro: Denfert-Rochereau oder 206, Rue La Fayette, 10e, Métro: Louis Blanc.

Le Café Marly

Absolut elegant und stilvoll den Tag im Café des Louvre beginnen. Aber die Eleganz hat auch ihren Preis, so müsst ihr für ein einfaches Frühstück 12,20 € einkalkulieren. Täglich ab 8-2 Uhr geöffnet. 93, Rue de Rivoli, Palais du Louvre, 1er, Métro: Palais Royal.

Le Duke

Steht ihr auf ein deftiges, amerikanisches Frühstück? Dann seid ihr hier an der richtigen Adresse. Vom Hamburger bis zu Pancakes bekommt ihr alles. Wenn ihr für 15,20 € gefrühstückt habt, seid ihr für die nächsten Stunden bedient. 20, Rue Ponthieu, 8e, Métro: Franklin D. Roosevelt.

Oben: Szene-Kneipe Jip's mit karibischem Flair
Unten: Die Pariser lieben es, im Freien zu sitzen

Café des Phares
Treffpunkt der 90er-Jahre-Existenzialisten und Möchtegernintellektuellen. Interessantes Ambiente – mit 4,60 € könnt ihr den Tag beginnen. Täglich 9-23 Uhr.
7, Place de la Bastille, 4e,
Métro: Bastille.

Hollywood Canteen
Viel Neon und Chrom, dazu: Fastfood. Ein Tipp für Spätaufsteher: Amerikanisches Frühstück gibt's den ganzen Tag. Eine Kette, die in vielen Vierteln ihre Filialen hat. Eine davon ist in der 4, Rue Pierre-Lescot im Hallenviertel, 1er.

La Coupole
Wie eine riesige Bahnhofshalle mit hohen Säulen – tagsüber sehr gut besucht und abends gerammelt voll. Ein ordentliches Frühstücksbüffet gibt's für 12 € von 7.30-10.30 Uhr. Abends sehr guter Fresstempel – bekannt für seine Muscheln. Bis 2 Uhr geöffnet.
102, Blvd. du Montparnasse, 14^{e}

Cafés & Bars

UND AUCH SONST NOCH GUTE TREFFS

Die Cafés in Paris haben eine lange Tradition. So gab es 1672 den ersten Kaffeeausschank. Im 18. Jh. trafen sich die Intellektuellen zum Gedankenaustausch und oft waren die Cafés die Brutstätten revolutionärer Gedanken. Außerdem waren diese Orte beheizt und es durfte geraucht werden. Deshalb werden noch heute in vielen Cafés Tabakwaren verkauft. Mit zunehmendem Kapitalismus sind die Cafés, in denen Moderichtungen kreiert und Romane geschrieben wurden, immer prunkvoller ausgestattet worden.

Zwischen einem Café und einer Bar gibt es keine klare Abgrenzung. Ein Café wird abends zur Bar, wenn sich die Szene dort trifft und auf den Diskobesuch vorbereitet.

Es mangelt nicht an Plätzen und Gelegenheiten, wo ihr einen Kaffee trinken könnt. Aber: in der Nähe von touristischen Sehenswürdigkeiten müsst ihr für eine Tasse Kaffee ganz ordentlich in die Tasche greifen. Deshalb ein paar Tipps, wo ihr in netter Atmosphäre den Kaffee zu humanen Preisen genießen könnt.

- Wenn ihr zu der Tasse Kaffee einen Kuchen wollt, seid ihr in einem Café nicht an der richtigen Adresse. Da müsst ihr in einen salon de thé gehen, dort gibt es leckere Schleckereien.
- Der Espresso ist am billigsten, wenn er stehend an der Theke getrunken wird.

Noch etwas zum Kaffeetrinken: Bei uns wird Milchkaffee und Cappuccino fast rund um die Uhr getrunken. Der Franzose trinkt den Milchkaffee nur morgens. Nachmittags und nach den Mahlzeiten wird schwarzer Kaffee (café oder express) getrunken.

L'Allée Thorigny

Nach einem Besuch im Picasso-Museum könnt ihr sicher eine Pause vertragen. Hier könnt ihr für 1,40 € einen ordentlichen Kaffee trinken, Zeitung lesen oder Schach spielen. Dienstags geschlossen, ansonsten von 9.30-19 Uhr geöffnet.
2, Pl. de Thorigny, 3e, Métro: St-Paul.

Au Soleil de la Butte

Es gibt sie doch: die Ausnahmen. In der Nähe der Sacré-Coeur bekommt ihr für 1,50 € auf der überdachten Terrasse einen ganz guten Kaffee. 32, Rue Muller, 18e, Métro: Château-Rouge.

Café au Petit Suisse

Setzt euch bei schlechtem Wetter in das kleine gemütliche Café oder bei Sonnenschein auf die nette Terrasse – Treffpunkt von Studenten und Scheinintellektuellen. An den Wochenenden geschlossen (Kaffee 1,70 €). 9, Rue Corneille, 6e, Métro: Odéon.

Café de Flore

Früherer Treffpunkt der Existentialisten. Sartre, Simon de Beauvoir und Camus trafen sich hier. Heute treffen sich im de Flore zwar gutgekleidete PariserInnen, aber auch die Touristen sind zahlreich vorhanden. Das Essen ist nicht sensationell und die Garcons rasen hektisch durch das Lokal. Aber für das Ambiente wird alles in Kauf genommen. Täglich von 7-1.30 Uhr geöffnet. 172, Blvd. St. Germain, 6e, Métro: St-Germain-des-Prés.

Café Aux Deux Magots

Das Café de Flore, die Brasserie Lipp und das Café Deux Magots werden triangle maudit, verfluchtes Dreieck der Existentialisten genannt. Auch hier gingen früher die Künstler und Intellektuellen ein und aus. Die Touristen lassen sich von den gesalzenen Preisen nicht abschrecken. Von 7.30-1.30 Uhr geöffnet.

6, Place St-Germain-des-Prés, 6e, Métro: St-Germain-des-Prés.

La Palette

Nette Einrichtung aus den 30er Jahren. Künstler, Pseudo-Künstler, Studenten und Touristen versammeln sich im Sommer auf der Terrasse. Täglich außer So 20-2 Uhr. 43, Rue de Seine, 6e, Métro: St-Germain-des-Prés.

Café de l'Industrie

Eine alternatives Szenen-Café. An den Wänden hängt ein Sammelsurium verschiedenster Bilder – von Heiligenbildern bis Modern Art. Probiert den Caipiroska, ein interessanter Cocktail. Gute Szenerie. Täglich, außer samstags von 11-2 Uhr. 16, Rue St-Sabin, 11e, Métro: Bastille.

Le Wait and See Café

Trendsetter lümmeln auf den Chesterfield-Sofas. Ab und zu gibt's Livemusik. Di-Sa 17 bis 5 Uhr geöffnet. 9, Blvd. Voltaire, 11e.

Café de Cluny

Das Besondere an diesem Café ist das Interieur aus den 30er Jahren und die Kellner, die in Kostümen Ludwig XV. servieren. Dazu klassische Musik. 20, Blvd. St.-Michel, 6e.

Le Café

Ein cooles Café zum Rumhängen, ein Buch lesen oder für eine Runde Backgammon, Domino oder Schach. Mo-Sa 10-2 Uhr und sonntags ab 13 Uhr geöffnet. 62, Rue Tiquetonne, 2e, Métro: Etienne Marcel.

Café Wah-Wah

Ohne Cowboystiefel, Nieten-Lederhosen und Tätowierungen fallt ihr ordentlich auf. Konversation ist bei der extrem lauten Musik nur brüllend möglich. Dafür ist der Kaffee super billig: 0,90 €. Täglich 14-2 Uhr geöffnet. 11, Rue Daval, 11e, Métro: Bastille.

Les Colonies du Paradis

In dem zweistöckigen Café könnt ihr euch von 17-20 Uhr für 3 € leckere Cocktails reinziehen und dabei die Szenerie beobachten. Täglich von 12-1 Uhr geöffnet. 3, Rue du Faubourg St-Antoine, 11e, Métro: Bastille.

Flèche d'Or

Der ehemalige Bahnhof ist Treffpunkt von Leuten, die keinen Geldesel zu

Streetlife in einem Café im Hallenviertel

Hause stehen haben. Punkiger Einschlag. Abends oft Konzerte. Ansonsten schwebt der DJ in einer Lok über den Gästen. Täglich 19-2 Uhr geöffnet. 102, Rue de Bagnolet, Métro: Alexandre Dumas.

Übrigens: Für Teeliebhaber ist ein Besuch im **Mariage Frères** ein unbedingtes Muss. Eine Kanne Tee kostet zwar 6,90 €, aber das Ambiente des Teesalons ist etwas ganz Besonderes. Und im oberen Stockwerk gibt es noch ein kleines Teemuseum. Montags geschlossen. 30, Rue du Bourg-Tibourg, 4e, Métro: Hôtel de Ville oder St-Paul.

Eine weitere traditionelle Institution ist der Teesalon **Angelina**, in dem schicke Omas, Studenten und Geschäftsleute zum 5-Uhr-Tee auf einen freien Tisch warten. Täglich 9.30-19 Uhr. 226, Rue de Rivoli, 1er, Métro: Concorde.

Das Café **La Mosquée** befindet sich in der größten Moschee von Paris. Authentisches, orientalisches Feeling mit marokkanischen Messingtischen und Holzwänden, gobbelinbestickten Bänken und dazu einen originalen „thé à la menthe“ (1,50 €) oder „Baklavas“, zuckersüße Leckereien. Das orientalische Feeling aus 1001 Nacht verschwindet am Wochenende, da drängeln sich eher 1001 Leute in das Café. 19-39, Rue Geoffroy-St-Hilaire, 5e, Métro: Censier-Daubenton.

Ihr könnt euch durch die Moschee führen lassen. Sa-Do 10-12 und 14-18 Uhr. Und außerdem könnt ihr euch in dem **Hamman**, einem tollen türkischen Dampfbad, erholen. Als Paar habt ihr natürlich schlechte Papiere, denn ihr müsst getrennt hineingehen. Frauentag ist Mo, Mi-Sa und die Männer haben Di und So Zutritt. Eintritt: ca. 13 €. Von 10-21, Di 14-21 Uhr geöffnet.

Das **Berthillon** ist für jeden Eis essenden Pariser ein Begriff. Für hervorragendes Eis und eine Auswahl von 60 verschiedenen Eissorten nimmt man auch gerne eine längere Warteschlange in Kauf. Mi-So von 10-20 Uhr geöffnet. 31, Rue St-Louis-en-l'Ile, Métro: Sully-Morland.

Wer amerikanisches Eis bevorzugt, besucht am besten ein Eiscafé der **Baskin-Robbins-Kette**. 1, Rue du Four, Métro: Mabillon. Mo-Sa von 12-24 Uhr, So ab 14 Uhr.

Die dänische Eiskette **Häagen-Dazs** ist auch mit einigen Filialen vertreten: 5, Place Victor-Hugo; 49-51, Avenue des Champs-Elysées; 3, Place de la Contrescarpe; St-Michel, 144, Boulevard St-Germain. Geöffnet: Mo-Sa 11.30-0.30 Uhr, So 10-24 Uhr. Supergutes Eis, aber eine Kugel kostet 2 €!

Essen

„Essen wie Gott in Frankreich" – „Nouvelle Cuisine" – „Baguette, Käse und Wein" – dafür steht die französische Küche. Restaurants, Bistros und Kneipen gibt es wie Sand am Meer und einen dicken Geldbeutel könnt ihr in einem von Michelin getesteten Fresstempel ohne Probleme etwas dünner machen.

Allgemeines

Lasst euch nicht durch Schilder wie „menu touristique" ködern. Diese sind meistens überteuert und dazu noch schlecht.

Bistros sind gemütliche, zum Teil familienbetriebene Restaurants. Entgegen vieler Vorurteile keine Billiglokale.

Das Tagesmenü heißt plat du jour und wenn ihr essen geht, ist das Tagesmenü immer ein guter Tipp – denn die Zutaten sind dann garantiert frisch.

Wenn die Franzosen essen gehen, bestellen sie immer eine Vorspeise, ein Hauptgericht und einen Nachtisch. Wundert euch nicht über das lange Gesicht des Kellners, wenn ihr nur einen Salat bestellt. Es ist sowieso immer günstiger ein Menü zu nehmen, als à la carte zu essen.

Wenn ihr richtig zuschlagen wollt, geht mittags essen, da ist es wesentlich billiger als abends, und ihr könnt euch auch den Luxus eines teureren Restaurants leisten.

Die Franzosen beginnen den Tag mit dem *petit déjeuner*, dem Frühstück, das aus Kaffee und Brot oder Croissants besteht. Das Mittagessen déjeuner wird zwischen 12 und 14 Uhr eingenommen und das Abendessen von 19 bis 23 Uhr.

Die folgenden Tipps bieten euch eine kleine Auswahl von internationalen Kneipen und Restaurants, in denen ihr gut und günstig essen könnt.

Auf die Schnelle...

Mc Donalds hat natürlich auch einige Filialen und ihr müsst nicht auf den Big Mac verzichten. Aber probiert lieber die internationalen Schnellimbisse und vergesst für ein paar Tage die traditionellen Fastfood-Ketten.

Cosi

Das Cosi ist ein Sandwichshop, in dem ihr euer Sandwich individuell belegen lassen könnt. Und bei der großen Auswahl von Zutaten fällt die Entscheidung schwer. Ein Sandwich kostet zwischen 4,60 und 6,10 € – aber dafür plagt euch in den nächsten Stunden kein Hungergefühl mehr. Täglich 12-24 Uhr. 54, Rue de Seine, 6e, Métro: Odéon.

Crêpes-Show

Schnell serviert, wenig bezahlt und einen vollen Bauch mit leckeren Crêpes gefüllt. Das Mittagsmenü besteht aus einem Salat, einer dick gefüllten Crêpe nach Wahl und als krönenden Abschluss noch einer süßen Crêpe als Nachtisch. Und das alles für 6,10 €. Täglich 11.30-15 und 19-24 Uhr. 51, Rue de Lappe, 11e, Métro: Bastille.

Lina's

Ein Edel-Schnellimbiss, der sehr „branché" ist und vor dem sich mittags lange Schlangen bilden. Hervorragende Sandwichs mit außergewöhnlichen Zutaten: Shrimps, Truthahn u.v.m. Mo-Sa 10-18 Uhr. 50, Rue Etienne Marcel, 2e, Métro: Sentier.

Chez Rami & Hanna

Hervorragende Falafel zum Mitnehmen (3,20 €). Ihr könnt aber auch dort essen und den scharfen marokkanischen Salat (6,10 €) probieren.
Täglich von 11-15 und 18-1.30 Uhr geöffnet. 54, Rue des Rosiers, 4e, Métro: Hôtel-de-Ville.

Rund um die Uhr...

Café le Départ

Am Tag und in der Nacht ein beliebter Treffpunkt. Da die Pariser Nächte lang sein können, ist es für den Magen auch kein Problem, sich morgens um 4 Uhr noch ein dickes Entrecôte mit Pommes reinzuziehen. Es gibt aber auch Crêpes, Sandwiches oder Salate. 1, Place St-Michel, 5e, Métro: St-Michel.

Le Dépanneur

In Holz und Chrom gestylt ist nicht nur die Bar, sondern sind auch die Typen, die sich spät nachts hier treffen. Rund um die Uhr gibt's Salate, Sandwiches und Hamburger (6-10,70 €). 27, Rue Fontaine, 9e, Métro: Blanche.

Mustang Café

Beliebte, laute, immer volle Texmexbar, die bis 5 Uhr morgens geöffnet hat. Das Warten auf einen Sitzplatz kann man sich an der Bar mit einem Corona verkürzen. Schneller Service und riesige Portionen. Quesadillas ab 6 € und einen Taco-Salat mit essbarem Teller für 7,50 €. Zwischen 14 und 17 Uhr kosten die Margaritas nur die Hälfte. Vorsicht, die haben es in sich. 84, Blvd. du Montparnasse, 14e, Métro: Montparnasse, 20, Rue de la Roquette, 11e.

Nicht nur im Sommer sitzen die Gäste bei Fouquet's draußen

Billiges ...

Bistrot Beauborg

Die alternative Szene trifft sich im Bistrot Beauborg, in der Nähe des Centre Pompidous. Ihr könnt draußen sitzen oder drinnen die Wände mit den Veranstaltungsplakaten studieren.
Rue Quincampoix, 4e.

Le Bistrot du Peintre

In dieser äußerst beliebten Bar könnt ihr gute französische Küche bis um Mitternacht bestellen. Probiert unbedingt den warmen Ziegenkäsesalat für 5,30 €. Mo-Sa 7-2 Uhr, So 10-21 Uhr. 116, Av. Ledru-Rollin/Rue de Charonne, 11e, Tel. (01) 47003439, Métro: Ledru-Rollin oder Bastille.

Centre d'Accueil de l'Etoile

Hier gibt's nur Eintopfgerichte. Aber diese schmecken ganz ordentlich und sind zudem sehr günstig. Mo-Fr 11.30-14 Uhr.
1, Rue Denis-Poisson, 17e,
Métro: Argentine.

Chez Robert

Wild bepinselte Wände mit wild bemalten Bildern. Internationale Freaks hängen herum. Einen starken Café noir gibt's für 0,80 €. Zu empfehlen sind die Muscheln Moules Normandes für 8,70 €.
17, Rue St-Sabin, 11e.

Au Refuge des Fondus

Auch wenn die Kneipe gerammelt voll ist, gebt nicht gleich auf. Der Kellner lässt an einem Tisch die Leute noch mehr zusammenrücken und setzt euch dazu – ideale Kommunikationsmöglichkeiten. Eine Speisekarte gibt es nicht. Ihr habt die Wahl zwischen „Fleisch oder Käse" und „rot oder weiß". Kurze Zeit später serviert der Kellner einen Apéritif, Appetizers, ein Käse- oder Fleisch-Fondue, Dessert und einen Wein, der aus kleinen Flaschen getrunken wird. Und das alles für 13,30 €. Probiert es aus – es lohnt sich. Täglich von 19-2 Uhr geöffnet.
17, Rue des Trois-Frères, 18 e,
Tel. (01) 42552265, Métro: Abbesses.

Chartier

Das Chartier ist eine Institution. Seit 1896 wird in diesen Räumen traditionelles Essen serviert. In der riesigen Halle werden an den langen Tischen täglich an die 2000 Mäuler gestopft. Die Speisekarte wechselt täglich, das Menü liegt bei 12 €. Täglich von 12-14 und 19-21.30 Uhr geöffnet.
7, rue du Faubourg Montmartre, 9e,
Métro: Rue Montmartre.

Au Pied de Fouet

Ein kleines Lokal mit nur ein paar Tischen, die meistens von Studenten besetzt sind. An Einrichtung wird

gespart, aber dafür spart ihr auch an der Rechnung. Ein solides Essen liegt bei 12 €. Von 12-14.30 und 19-21.30 Uhr geöffnet.
45, Rue de Babylone, 7e,
Métro: Vaneau.

Le Petit Vatel
Es stehen zwei Vorspeisen, drei Fleischgerichte (um die 6,90 €) und zwei Gemüsegerichte (4 €) zur Auswahl. Günstig, gut und immer von zahlreichen hungrigen Studenten und budgetbewussten Travellern besucht. Das Mittagsmenü liegt bei 9,50 €. Täglich 12-15 und 19-24 Uhr.
Rue Lobineau, 6e, Métro: Odéon.

Chez Paul
Etwas teurer, aber dafür seid ihr mitten in der Szene. Gute Leute, gute Stimmung und gutes Essen. Probiert den Hasen mit der Ziegenkäsesoße (11,40 €) oder den warmen Apfelkuchen mit Crème Fraiche. Ein Genuss. Tägl. 12-15 und 19-0.30 Uhr.
13, Rue de Charonne, 11e,
Tel. (01) 47 003457, Métro: Bastille.

Restaurant des Beaux Arts
Studenten der nebenanliegenden Kunstschule haben die Einrichtung mitgestaltet. Für ein Drei-Gänge-Menü mit Wein legt ihr 11,40 € hin. Täglich wechselnde Specials wie Hase, Fondue, Steak oder Lamm. Gute Atmosphäre. Täglich 12-14.15 und 19-23 Uhr.
11, Rue Bonaparte, 6e,
Métro: St-Germain-des-Prés.

Thoumieux
Eigentlich ist das Thoumieux ein teureres Lokal, aber sie haben dort einen Knüller: Das Menü für 10,20 € – und das schmeckt „superb“. Achtung: dies gilt nur unter der Woche. Von 12-12 Uhr geöffnet.
79, Rue St-Dominique, 7e,
Métro: Invalides.

Amerikanisch

Hard Rock Cafe
Wie in den anderen Hard Rock Cafés gibt's die gleiche Musik und die gleiche Speisekarte und neben dem Futtern könnt ihr die Lederjacke von Jim Morrison oder den Smoking von Buddy Holly unter die Lupe nehmen. Täglich von 11.30-2 Uhr geöffnet.
14, Blvd. Montmartre, 9e,
Métro: Rue-Montmartre oder Richelieu-Drouot.

Englisch

Haynes

Zu gutem Jazz werden für 9-14 € riesige T-Bone-Steaks angefahren.
Di-Sa 19.30-24 Uhr.
3, Rue Clauzel, 9e, Tel. (01) 48784063, Métro: St-Georges.

Hamilton's Fish and Chips

Es muss wohl nicht erwähnt werden, was es hier gibt. Es ist das einzige englische Restaurant in der Stadt. Aber nicht die Engländer sind Stammgäste, sondern einheimische Yuppies. 51, Rue de Lappe, 11e, Tel. (01) 48067792.

Italienisch

Chicago Pizza Pie Factory

Die Bar ist mit allem nützlichen und unnützen Krimskrams ausgestattet – und alles hat mit Chicago zu tun. Dies allein ist noch kein Grund, hierher zu kommen. Der Grund sind die Pizzen in unendlichen Variationen (eine Pizza für zwei kostet ab 14 €). Täglich von 12-1 Uhr. Tipp: Mo-Sa ist von 18-20 Uhr Happy Hour und ihr zahlt für die Getränke, mit Ausnahme des Bieres, den halben Preis.
5, Rue de Berri, 8e, Tel. (01) 45625023, Métro: Champs-Elysées-Clemenceau.

Chez Richard

Spezialität sind die ausgezeichneten, hausgemachten Pastas und die leckeren Nachtische (zusammen für ca. 15 €). Von 17-2 Uhr geöffnet.
37, Rue Vieille-du-Temple, 4e
Métro: St. Paul.

Japanisch

Barbecue

Eine japanische Familie betreibt das Lokal. Mittags starten die Menüs, bestehend aus Suppe, Salat und Hauptgericht bei 7 €. Sushi gibt's ab 4,60 €. Sonntags geschlossen.
60, Rue Montorgueil, 2e,
Métro: Sentier.

Spanisch

Le Kezako

Bestellt euch eine gute Sangria (10 € /Liter) und dazu hervorragende „Tapas“ (warme und kalte Vorspeisen). Für 13 € bekommt ihr eine leckere Paella, Sangria und einen Kaffee. Täglich von 12-14 und 19-23.30 Uhr.
12, Rue Véron, 18e,
Tel. (01) 42582220, Métro: Abbesses.

Szenetreff mit Spaß-Garantie: Bar de l'Atelier

Tunesisch

Le Boute Grill

Es soll angeblich keinen besseren Couscous in Paris geben. Beeindruckend sind die vielfältigen Variationen (14 Sorten!) – und das für 8 €. Sonntags geschlossen.
12, Rue Boutebrie, 5e,
Métro: Cluny-La Sorbonne.

Türkisch

Van Gölu

Hervorragendes Essen, aber auch eine super Show, die euch während des Essens geboten wird. Für ein Menü bezahlt ihr inklusive Wein nur 8,40 €. Täglich von 12-14.30 und 20-2 Uhr.
3, Rue d'Enghien, 10e,
Métro: Strasbourg-St-Denis.

Vegetarisch

Country Life

Für 10 € könnt ihr euch an dem vielseitigen, vegetarischen Büffet den Bauch voll hauen. Nach dem Essen gibt's einen gesunden Kornkaffee.
6, Rue Daunou, 2e, Tel. (01) 42974851,
Métro: Opéra.

Aquarius

Ein hervorragendes vegetarisches Restaurant in uralten Gemäuern. Es wird kein Alkohol ausgeschenkt und auf Tabak muss verzichtet werden. Da muss man ja gesund leben. Mo-Sa 12-21.45 Uhr.
54, Rue Ste-Croix-de-la-Bretonnerie, 4e, Tel. 0148874871,
Métro: Hôtel-de-Ville.

Günstige, original chinesische Spezialitäten bekommt ihr im **Little Chinatown**, im 13. Arrondissement. Probiert z.B. Dim-Sum, das sind gedämpfte Speisen in Bastkörben. Ein Erlebnis.

Special: ANDROUET

Hier ist der Käse König. Der Käse ist Grundlage aller Gerichte. Es ist zwar keine billige Adresse und es geht ziemlich nobel zu, aber die Investition lohnt sich. Spezialität ist das Filet mit Roquefortsoße und flambiertem Calvados oder dégustation de fromages. Da werdet ihr mit Käsesorten überrascht, die ihr sicher noch nie gegessen habt (38 €). Hauptgerichte ab 15 €. Mo-Sa 12-15 Uhr und 19.30-22 Uhr.
41, Rue d'Amsterdam, 8e, Tel. (01) 48 74 26 93.

Tipp: Wenn ihr einen deutsch-französischen Studentenausweis beantragt, könnt ihr in den Mensen zu Studententarifen essen. Sonst bezahlt ihr 4 €. Infos bei: Bullier, 39, Av. Georges Bernanos, 5e, Métro: Porte-Royal; oder Mabillon, 3, Rue Mabillon, 6e, Métro: Mabillon.

Shopping

Zweimal im Jahr zeigen die Topmodels auf dem Laufsteg die neuesten Modetrends. Paris ist Modehauptstadt – es fragt sich manchmal nur, wer diese Sachen überhaupt trägt. Alle Modedesigner mit Rang und Namen sind vertreten, und selbst wenn das nötige Kleingeld fehlt, macht es dennoch Spaß, sich die Schaufenster mit den extravaganten und gewagten Klamotten anzuschauen.

Die ersten Märkte sind bereits im 12. Jahrhundert entstanden. Die berühmteste Markthalle, Les Halles, wurde 1854 von Napoléon III. in Auftrag gegeben. Nachdem der Großmarkt aus allen Nähten platzte, wurde er 1969 nach Rungis verlegt. An dessen Stelle steht nun das Forum des Halles – ein gigantisches unterirdisches Einkaufs- und Freizeitzentrum.

Die Straßen waren früher natürlich noch nicht gepflastert und die Leute mussten beim Einkauf durch Schlamm und Matsch waten. Das brachte die Städteplaner auf die Idee, die Häuser mit Glasdächern zu verbinden und die ersten Passagen entstanden. Bis Mitte des 19. Jhs. gab es 130 Passagen und Ende des 20. Jahrhunderts haben gerade an die 20 überlebt.

Die glanzvolle Zeit der Passagen wurde mit dem Bau der ersten Kaufhäuser abrupt beendet. Das erste Kaufhaus wurde 1852 eröffnet. Unter dem Motto „Verkaufe alles, aber mit wenig Gewinn“ hatte das Bon Marché einschlagenden Erfolg. Die gläserne Kuppel des Kaufhauses Le Printemps ist noch ein Überbleibsel aus dem letzten Jahrhundert, als die Kaufhäuser mit ihren prunkvollen Ausstattungen viel Ähnlichkeiten mit Schlössern hatten. Die Kaufhäuser haben durch die Centres Commerciales, die Einkaufs- und Freizeitpark in einem sind, harte Konkurrenz bekommen.

Begriffe, die ihr beim Einkaufen gut gebrauchen könnt: Soldes ist der Schlussverkauf. Reduzierte Markenartikel werden ***Dégriffés*** genannt und Secondhand-Artikel heißen Fripes.

Kurzer Überblick

Die Bastille wirkt tagsüber eher verschlafen, die Leute sparen ihre Energie für die nächtlichen Züge durch die Bars und Kneipen. In der Gegend um die Rue Daval, Rue de la Roquette und Rue des Taillandiers findet ihr kleine Boutiquen und Schmuckläden. Für die Technoszene könnt ihr euch in der Rue Keller und Rue de Charonne rüsten. Die Gegend um die Champs-Elysées ist das Viertel der Leute mit dickem Geldbeutel. In der Rue du Faubourg-St-Honoré stechen Namen wie Karl Lagerfeld, Yves Saint-Laurent, Hermès, Chloé oder Givenchy ins Auge. In der Avenue Montaigne könnt ihr euch in den Läden von Chanel, Christian Dior, Christian Lacroix, Valentino oder Jil Sander inspirieren lassen. Um den Place de la Madeleine könnt ihr euch in den Schaufenstern der besten und teuersten Delikatessenläden Appetit holen.

Im Viertel Les Halles und Beaubourg sind viele Secondhandläden, in denen ihr Schuhe, Kleidung, Hüte und CDs bekommt. Allerlei Plunder und Kitsch findet ihr in der Rue St-Martin und Rue St-Merri. Wenn ihr auf knallbunte Hawaiihemden steht, geht in die Rue de la Grande-Truanderie.
Zahlreiche trendy Boutiquen sind im Le Marais zu finden. Federboas, Satin-Hotpants, und interessante Läden der Gay-Szene findet ihr in der Rue Ste-Croix-de-la-Bretonnerie und Rue Vieille-du-Temple. In dieser Straße könnt ihr euch in dem großen Secondhandshop L'Apache mit Klamotten aus den 40er Jahren eindecken. In der Rue Saint Paul wird mit Antiquitäten und Trödel in den Hinterhöfen gehandelt.

Verrückte Läden findet ihr im Studentenviertel Quartier Latin. In den kleinen Straßen und Gassen um den Place Maubert kann in unzähligen Buchhandlungen und Antiquariaten herumgestöbert werden. Bei speziellen Musikrichtungen werdet ihr hier sicher fündig.

An Kunst Interessierte können sich im Saint-Germain-des-Prés die Füße wund laufen. In der Rue de Seine, Rue des Beaux Arts und Rue Bonaparte liegt eine Galerie neben der anderen.

Sündhaft hip und sündhaft teuer:
Modetempel von Stardesigner Gaultier

Passagen

Die **Galerie Vivienne**, 4, Rue des Petits Champs, ist eine der schönsten Passagen. In den Läden werden antiquarische Bücher, Postkarten, Wein und Spielwaren verkauft und der stilvolle Teesalon **A Priori Thé** lädt zu einem Päuschen ein. Hier hat der schräge Modedesigner Jean Paul Gaultier seinen interessant aufgemachten Laden. Gleich nebenan liegt die **Galerie Colbert**, die nach der Renovierung in vollem Glanz erscheint. Die **Passage Choiseul**, 40, Rue des Petits Champs, hat durch die Renovierung ihren ursprünglichen Charme verloren. In der **Passage Jouffroy**, 10, Blvd. Montmartre sind ganz witzige Geschäfte. Wenn ihr einen Spazierstock braucht, schaut bei **Gilbert Segas** vorbei – er ist d e r Spezialist.

Kaufhäuser

Das Kaufhaus **Les Galeries Lafayette** (40, Boulevard Haussmann, Métro: Chaussée d'Antin) im 9. Arrondissement ist von Montag bis Samstag von 9.30-19 Uhr und donnerstags bis 21 Uhr geöffnet. Es ist wohl das modischste Kaufhaus. Hier findet ihr die neusten Kollektionen der bedeutendsten Modemacher, eine Reiseagentur, eine Bank und Wechselstube und natürlich Restaurants. Die Hostessen sprechen deutsch und englisch und helfen euch gerne weiter, wenn ihr Fragen habt. Wöchentlich finden hier Modenschauen statt. Erfragt die Uhrzeit am Empfang oder unter (01) 42 82 34 56.

Nur ein paar Meter weiter findet ihr den Einkaufstempel **Le Printemps** (64, Boulevard Haussmann, Métro: Havre-Caumartin), der ebenfalls von Montag bis Samstag von 9.30-19 Uhr und donnerstags sogar bis 22 Uhr geöffnet hat. Le Printemps beeindruckt mit seiner umwerfenden Glaskuppel. Im Erdgeschoss befindet sich eine riesige Parfümerie- und Kosmetikabteilung, über acht Stockwerke hinweg findet man Mode, Tafelware, Möbel und vieles mehr. Von der Terrasse im neunten Stock könnt ihr über die Dächer von Paris blicken. Auskünfte über (01) 42 82 50 00.

Ebenfalls ein Kaufhaus aus dem letzten Jahrhundert ist das **La Samaritaine**, 19, Rue de la Monnaie, Métro: Louvre. Auch von hier habt ihr vom obersten Stockwerk eine gute Aussicht. Das **Le Bon Marché**, 22, Rue de Sèvres, Métro: Sèvres Babylone, ist das einzige Kaufhaus auf der linken Seite des Seineufers. Bei **Tati** steht nicht die Qualität an erster Stelle, sondern die Quantität. Wühltische, Typ Woolworth. Drei Filialen: 24-28, Boulevard Rochechouart, Place de la République und 140, Rue de Rennes.

Ein Musik- und Büchertempel ist das **Virgin Megastore**, 52-60, av. des Champs-Elysées, 8e, Métro: Franklin D. Roosevelt. Täglich 10-24 Uhr, Fr und Sa bis 1 Uhr geöffnet.

Einkaufszentren

Forum des Halles, 1/7, Rue Pierre-Lescot, Métro: Châtelet-Les Halles. Angeblich soll es kein effizienteres Einkaufszentrum in ganz Frankreich geben. Ein mehrstöckiges, unterirdisches Einkaufsparadies mit Boutiquen, Cafés, Galerien, Museen und Kinos – es gibt einfach alles.

Specials

Die beste Adresse für Musik und Bücher ist das **FNAC**, Forum des Halles, Rue Pierre-Lescot, Métro: Châtelet-Les Halles. Außerdem Video- und Stereoanlagen. Filialen: FNAC Montparnasse, 136, Rue de Rennes, Métro: Saint-Placide; FNAC Étoile, 28, Av. des Ternes, Métro: Ternes; FNAC Musique Bastille, Place de la Bastille, Métro: Bastille; FNAC La Défense, Place de la Défense.

Im **Paris Jazz Corner**, 5, Rue de Navarre, 5e, sind Jazz- und Bluesfreaks an der richtigen Adresse.

Schräge Klamotten in schrillen Farben und eine komplette Raverausstattung bekommt ihr im **Le Shop**, 3, Rue d'Argout, 2e.

Vielleicht macht ihr ein gutes Schnäppchen und findet im **Le mouton à cinq pattes** reduzierte Designerklamotten der vergangenen Saison. Manche Teile scheinen aber schon Jahre dort zu hängen. Bringt etwas Zeit mit, um euch durch die vollgestopften Regalen zu wühlen. 19, Rue Grégoire-de-Tours, Métro: Odéon.

Kräuterhexen können sich in der **Herboristerie du Palais Royal** mit 750 verschiedenen Kräutern eindecken. Das gibt ein ordentliches Gebräu. 11, Rue des Petits Champs, Métro: Palais Royal.

Was die Filmstars in den 40er, 50er und 60er Jahren trugen, könnt ihr bei **Manufacture Rodson**, 12, Rue des Halles, erwerben.

Exotische Gewürze, Oliven, Getreide, Reis und ausgefallene Genüsse aus der ganzen Welt sind bei **Izrael** auf ein paar Quadratmetern meterhoch gestapelt – ein origineller Kolonialwarenladen. 30, Rue Francois-Miron, 4e, Métro: St-Paul.

In der **Librairie Shakespeare and Company** findet ihr so ziemlich alles, was über Paris geschrieben worden ist. 37, Rue de la Bûcherie, 5e.

Drachenfreaks aufgepasst: bei **Le Ciel est à tout le monde**, findet ihr die ausgefallensten Modelle und alles zum Selberbauen. 10, Rue Gay-Lussac, 5e.

Rosen, Rosen und nichts außer Rosen bekommt ihr im **Au Nom de la Rose**, 4, Rue de Tournon, 6e.

Cineasten kommen an dem **Contacts** nicht vorbei. Alles dreht sich um den Film. 24, Rue du Colisée, 8e.

Zwischen 500 Teesorten könnt ihr bei **Mariage Frères**, 30, Rue du Bourg-Tibourg, 4e, wählen.

Verrückte Klamotten, Hüte, Boas, Clubbingausstattung könnt ihr bei Thanks God I'm a V.I.P anprobieren. 60, Rue Greneta, 2e.

Im Papier Plus bekommt ihr Papier in allen Größen, Qualitäten und Farbschattierungen. Außerdem Tagebücher, Stifte und Kalender. 9, Rue du Pont-Louis-Philippe, 4e, Métro: Pont-Marie.

Wenn euch der Lesestoff ausgegangen ist, dann findet ihr bei Marissal ein umfangreiches deutsches Literaturangebot. 42, Rue Rambuteau, 3e, Métro: Rambuteau (gegenüber des Centre Pompidou).

Bei Petit-Siroux dreht sich alles um Paris: Postkarten, Poster, Bücher, Zeitungen. Galerie Vivienne, 2e, Métro: Bourse.

Auf zwei Stockwerken Comics – und nur Comics. Bei Glénat Librairie d'Images, 84, Blvd. St-Germain, Métro: Cluny-La Sorbonne.

Eine Tätowierung als Souvenir? Dann ist Tattoo, 3, Rue André-Mazet, 6e, Tel. (01) 43 25 40 94, die richtige Adresse. Die Preisskala beginnt bei 76 €.

Bei 3D, 7, Rue Tiquetonne, 2e, Tel. (01) 40 26 42 50, könnt ihr euch piercen lassen.

Märkte

Jeder Stadtteil hat mindestens eine Marktstraße. Die rue Montorgueil, 2e, ist ein Paradies für Feinschmecker. In der rue de Bretagne, 3e, liegt ein Delikatessenladen neben dem anderen. Täglich, außer Mo, findet in der rue d'Aligre und rue de Seine, 6e, ein Markt statt.

Flohmärkte

Der Marché aux Puces de la Place d'Aligre ist ein kleiner, uriger Flohmarkt. Place d'Aligre, 12e, Métro: Ledru-Rollin, Di-So 9-13 Uhr. Auf dem Marché aux Puces de la Porte de Vanves wird mit altem Trödel, Möbel aus den 50er Jahren, alten Drucken und vielem Krimskrams gehandelt. Av. Georges-Lafenestre, 14e, Métro: Porte de Vanves, Sa und So 8-19 Uhr.

Der berühmteste und größte Flohmarkt ist der Marché de Saint-Quen. An die 200 000 Besucher drängeln sich am Wochenende durch die Labyrinthe der verschiedenen Hallen, in denen die meist professionellen Händler ihren Trödel, Secondhandklamotten, Geschirr, Art déco, Bücher ... unter die Leute bringen wollen. Die Chance auf ein richtig gutes Schnäppchen ist gering, da die echten Anti-

Kunstkauf unter freiem Himmel

quitäten sehr teuer sind und außerdem immer mit Fälschungen gerechnet werden muss. Der eigentliche Flohmarkt beginnt erst hinter der Autobahnunterführung – also nicht gleich aufgeben, wenn ihr euch durch den Ramsch vorkämpfen müsst. Métro: Porte de Clignan-court. Sa, So, Mo 7.30-19 Uhr.

Lebensmittelmärkte

Mit frischem Obst, Gemüse, Käse könnt ihr euch in dem **Marché des Enfants Rouges**, 39, Rue de Bretagne, 3e, Métro: Files-du-Calvaire, eindecken.
Auf dem **Marché Mouffetard** liegt das Obst und Gemüse fein säuberlich übereinandergestapelt. Aber auch Käse, Fisch, Austern, Trüffel u.v.m. Ein Augenschmaus. Rue Mouffetard, 5e, Métro: Censier-Daubenton.
Mitten im Zentrum von Saint-Germain findet in der Rue de Buci ein farbenprächtiger Straßenmarkt statt. Métro: Odéon.
Der **Marché Ménilmontant**, Blvd. de Belleville, Métro: Menilmontant, wird von arabischen Verkäufern betrieben, die Obst und Gemüse verkaufen. Auf dem **Marché Biologique** werden Bioprodukte teuer verkauft. Der Markt findet nur am Sonntagmorgen statt. Blvd. Raspail,
Métro: Sèvres-Babylone.

Sonstige Märkte

Für Philatelisten und Telefonkartensammler ist der **Marché aux Timbres** besonders interessant. Cour Marigny, 8e, Métro: Champs-Elysées-Clémenceau, Do, Sa und So 10-18 Uhr

In malerischer Kulisse werden werktags auf der Ile de la Cité auf dem **Marché aux Fleurs** Blumen verkauft und sonntags ist es der **Marché aux Oiseaux**, auf dem Vögel die Besitzer wechseln. 4, Place Louis-Lépine, 4e, Métro: Cité.

Auf dem **Marché du livre ancien et d'occasion** bekommt ihr im Baltard-Pavillon des Georges Brassens Parks antiquarische und neuere Bücher. 87, Rue Brancion, 15e.

Auf dem **Marché Riquet** wird mit Münzen, Banknoten und Ansichtskarten gehandelt. 42, rue Riquet, Métro: Riquet, 18e.

Stoffe in allen Qualitäten und Preisklassen findet ihr auf dem **Marché St-Pierre**, Place St-Pierre, 18e.

BARS

Zwischen Cafés und Bars kann nicht eindeutig unterschieden werden. Denn die Cafés, in denen man sich tagsüber gemütlich zu einem Espresso trifft, verwandeln sich abends in Bars, in denen der Punk abgeht. Wenn ihr es ruhig haben wollt, geht zwischen 18 und 20 Uhr in Bars – da sind die PariserInnen noch zu Hause, um sich zu stylen.

Banana Café

Gut gebaute Typen lassen auf der Theke und den Tischen in knappen Lackhosen ihre Hüften schwingen – für die Männerwelt. Absolute In-Bar der Schwulenszene, gegen später mischt sich das Publikum. Im verrauchten Keller klimpert einer am Klavier. Heiße Atmosphäre. 13, Rue de la Ferronnerie, Hallenviertel.

Le Dépanneur

Rund um die Uhr geöffnet. Sehr „branché“. Immer voll mit Trendsettern. Rue de Fontaine, 9e, Métro: Blanche.

Sans Sanz

Es ist nicht ganz einfach, in diese In-Kneipe hineinzukommen, denn die Türsteher sind gnadenlos. Also seid ganz cool und macht, wie wenn ihr hier täglich ein und ausgehen würdet. Habt ihr es geschafft, heizt euch der DJ gleich ordentlich ein und gegen später tanzen die Mädels auf der Bar. (Bier 3,80 €). Unter der Woche von 9-2 Uhr geöffnet, an den Wochenenden von 12-2 Uhr.

49, Rue du Faubourg-St-Antoine, 11e, Métro: Bastille.

Café Iguana

Wenn ihr in die Schickeriaszene eintauchen wollt, ist dies die richtige Adresse. Das zweistöckige Café ist geschmackvoll gestylt, und der lange Tresen bietet ideale Möglichkeiten, um neue Bekanntschaften zu knüpfen und um sehen und gesehen zu werden. Täglich von 19-5 Uhr geöffnet. 15, Rue de la Roquette,
Métro: Bastille.

La Chaise au Plafond

Ein beliebtes kleines Studentencafé mit Parkbänken,
10, Rue du Trésor, 4e.

L'Entre-Pôt

Originelles Interieur: die Decken sind zum Teil ohne Verputz und das Holz des Fachwerkhauses kommt zum Vor-

schein. Die Wände sind mit alten Malereien bepinselt. Eine Bar mit einer großen Cocktail-Auswahl. Probiert den Mejito (8,40 €).
14, Rue de Charonne, 11e.

Café du Tresor

Viel Plastik und sehr bunt, aber äußerst branché. Gemischtes, junges Publikum. Tanz zu Techno. Bis 3 Uhr geöffnet. 5-7, Rue du Trésor, 4e.

La Baraka

Da die Theaterschule gleich in der Nähe liegt, treffen sich hier die angehenden KünstlerInnen. Interessante Leute, freundlicher Service und – ein wichtiges Argument – superbilliges Bier. Vor 22 Uhr kostet es zwischen 1,40 und 2 €, nach 22 Uhr wird es etwas teurer. Aus den Lautsprechern dröhnt Jazz, Rock oder Blues. Täglich von 17-2 Uhr geöffnet.
6, Rue Marie Stuart, 2e,
Métro: Etienne Marcel.

Le Piano Vache

Das Piano Vache ist keine Piano-Bar, sondern eine dunkle Kneipe, in der an den Wänden jeder Zentimeter mit Theater- und Konzertpostern zugestopft ist und die Studenten über Gott und die Welt philosophieren. Mittwochs gibt es das Nationalgetränk der Franzosen – den Pastis – für 1,50 €. Mo-Fr 12-2 Uhr, Sa und So 9-2 Uhr.
8, Rue Laplace, 5e, Métro: Maubert-Mutualité.

La Paillotte

Dunkel, verräuchert, lasst euch von der originellen Einrichtung überraschen – und dazu hört ihr klassischen Jazz ohne Ende (Bier 3,80 €). Sonntags geschlossen.
45, Rue Monsieur-le-Prince, 6e,
Métro: Odéon.

Le Bar

Klein und intim – der Treffpunkt vieler Studenten. Die Musik dröhnt aus einer alten Musikbox und die zum Teil alten Poster erinnern an vergangene Jahre. Das Bier beginnt bei 3,20 €. Täglich von 17.30-2 Uhr geöffnet. 10, Rue de l'Odéon, 6e, Métro: Odéon.

Le Mustang Café

Treffpunkt junger Leute in der Texmexbar. Nachos, Budweiser, Corona und laute Musik. Täglich 9-5 Uhr. 84, Blvd. du Montparnasse, 14e,
Métro: Montparnasse-Bienvenue.

Café Noir

Gute Barleute, interessantes, yuppiefreies Publikum, angenehme Preise, einmal in der Woche Livemusic.
65, Rue Montmartre, 2e.

Verrücktes bei Art's Factory

JIP'S

Karibische Musik, Rastas, ein ordentlicher Punsch und dem karibischen Feeling steht nichts mehr im Wege. Heißer Schwoof zu Salsa und Merengue, vorwiegend junges schwarzes und südamerikanisches Publikum. Täglich von 12-2 Uhr geöffnet.
41, Rue Saint-Denis, Hallenviertel,
Métro: Châtelet-Les Halles.

Pub Saint-Germain-des-Prés

Das größte Pub Frankreichs bietet 650 Sitzplätze in neun verschiedenen Räumen. Und natürlich Biersorten ohne Ende. Ihr könnt zwischen 500 Biersorten in Flaschen und 26 Biersorten aus dem Zapfhahn auswählen – ab 3 € aufwärts. Die Atmosphäre ist gediegen und relaxed.
Durchgehend geöffnet.
17, Rue de l'Ancienne-Comédie, 6e,
Tel. (01) 43 29 38 70, Métro: Odéon.

Harry's New York Bar

In der Harry's New York Bar befindet ihr euch auf den Spuren Hemingways. Er hat sich nicht nur an den Stränden Kubas inspirieren lassen, sondern auch in Paris. Diese 1911 eröffnete Bar war seine Stammkneipe. Hier wurde angeblich auch zum ersten Mal die Bloody Mary gemixt. Ziemlich teuer. Im Keller treten jeden Abend Künstler auf und bieten Kabarett und Musik. Täglich von 10.30-4 Uhr geöffnet. 5, Rue Daunou, 2e, Tel. (01) 42 61 71 14, Métro: Opéra.

Antitipp:

Alle sprechen von der **Buddha Bar** und alle rennen hin. Schöne und Reiche. Warum, das ist nicht ganz klar. Der Service ist total arrogant, das Essen nicht besonders und die Preise gesalzen. 8, rue Boissy d'Anglas, 8e.

Weinlokale

Bei den Franzosen erfreuen sich die Weinbars immer größerer Beliebtheit. Aber ganz billig ist dieser Spaß nicht.

La Tartine

Die Einrichtung ist noch original aus den 20er Jahren – sehenswert. Zur Auswahl stehen 50 Weinsorten und dazu können Kleinigkeiten wie Sandwiches oder Terrinen gefuttert werden. Die Weine sind übrigens verhältnismäßig günstig: ab 2 € seid ihr dabei. Do-Mo 8.30-22 Uhr, Mi 12-22 Uhr.24, Rue de Rivoli, 4e, Tel. (01) 42 72 76 85, Métro: St-Paul.

Willi's Wine Bar

Hier wird die Wahl zur Qual. Ungefähr 250 Weine werden angeboten –

dazu Salate, Fleischgerichte und eine herrliche Schokoladenterrine als Dessert. Ihr müsst nicht gleich eine Flasche Wein bestellen, denn alle Sorten werden ab 4 € offen ausgeschenkt. Ein Hauptgericht gibt es ab 12 €. Mittags sind viele Geschäftsleute hier, am Abend ist es ruhiger. Mo-Sa 12-14.30 und 19-23 Uhr geöffnet. 13, Rue des Petits-Champs, 1er, Tel. (01) 42 61 05 09, Métro: Musée-du-Louvre oder Palais-Royal.

Pubs mit irischer Musik:

The Quiet Man, 5, Rue des Haudriettes, 3e, Métro: Rambuteau.

Tigh Johnny, 55, Rue Montmartre, 2e, Métro: Sentier.

Nightlife

Die Trends im Pariser Nachtleben ändern sich sehr schnell und es ist schwierig, auf dem Laufenden zu bleiben. Auf jeden Fall gehen die Pariser unter der Woche kaum in die Diskos – da herrscht gähnende Langeweile. Aber am Donnerstagabend fängt das Ausgehfieber an. So stehen die Pariser an einem bestimmten Tag vor einer Disko Schlange und am nächsten Tag ist da nichts los. Die Trendsetter treffen sich an bestimmten Tagen in bestimmten Diskos und wenn man diesem Trend nicht hinterhereilt, gehört man nicht zu der Szene. Außerdem können die Gesichtskontrollen ganz schön hart sein.

Diskotheken

Falls ihr eine Tour durch verschiedene Diskos plant, lasst diese Idee lieber gleich wieder fallen. Die Eintrittspreise sind nämlich ganz schön gesalzen. So müsst ihr mit mindestens 20-25 € rechnen. Das Nachtleben beginnt spät – vor 24 Uhr ist nichts los. Aber es endet auch spät – so könnt ihr euch bis zum Morgengrauen die Nacht um die Ohren tanzen.

Les Bains

Kaum vorzustellen, dass man sich hier früher in türkischen Bädern erholen konnte. Heute trifft sich hier die Schickeria und manch eine Schönheit hofft darauf, entdeckt zu werden, um auf der Titelseite einer Modezeitschrift zu erscheinen. Großer Andrang – der Türsteher entscheidet, ob ihr hineindürft. Fr u. Sa 22 € Eintritt (inkl. Drink). Montags bleiben die

Türen geschlossen. Ansonsten bis 6 Uhr geöffnet.
7, Rue du Bourg-l'Abbé, 3e,
Métro: Etienne Marcel.

Le Bajalo

West-Side-Story- und typische Tanzhallenatmosphäre. In den 30er Jahren eroberte hier Edith Piaf die Herzen der Franzosen. Am Wochenende ist ab 15.30 Uhr Tangotime. Abends sind die Jungen dran: Bebop, Rap, Salsa oder Rock'n'Roll (Eintritt, inklusive Drink, 15 €). Am Wochenende gerappelt voll. Mittwoch 21-2 Uhr, Donnerstag-Samstag von 23.30 Uhr bis 5 Uhr geöffnet.
9, Rue de Lappe, 11e, Métro: Bastille.

La Casbah

Eine Atmosphäre wie in Tausendundeiner Nacht. Räucherstäbchen, kleine Lämpchen, mosaikverzierte Wände. Sehr trendy. Es gilt das Motto: Sehen und Gesehen werden. Funk, Groove und Oldies aus den 70er Jahren. Der Eintritt von 15 € ist human, aber alle weiteren Drinks starten bei 12 €. Türsteher machen Gesichtskontrolle. Mittwoch-Samstag 24-6 Uhr. 18-20, Rue de la Forge Royale, 11e,
Métro: Faidherbe Chaligny oder Ledru-Rollin.

Keur Samba

Das Keur Samba ist eine afrikanische Edeldisko – aber natürlich sind auch Nichtafrikaner willkommen. Bezahlt 18 € Eintritt und ihr seid dabei. Tipp: Trinkt nicht so schnell aus, denn alle weiteren Drinks kosten 15 €. Aus den Lautsprechern hämmert Reggae, Hip-Hop und House. Auf der kleinen Tanzfläche wird schwer gebaggert. Kein Ruhetag.
79, Rue la Boëtie, 8e,
Métro: St-Philippe du Roule.

Le Palace

In den 30er Jahren ein Kabarett, dann ein Kino und seit den 70er Jahren eine Disko. In den 80er Jahren der absolute In-Treff. Ein riesiger Schuppen, in dem bis zu 2000 Leute auf drei Ebenen zu den Rhythmen der Londoner DJs abrocken können. Interessante Mischung des Publikums: Freaks, Yuppies, Möchtegerne und Homosexuelle. Eintritt 15 €. Sonntags ist von 17-23 Uhr Tanz-Tee für Schwule. Montags geschlossen.
8, Rue du Faubourg Montmartre, 9e,
Métro: Rue Montmartre.

Le Rex Club

Samstags gibt's Soul und Funk, Mi und Do Techno, Mi und Fr Rock. Für nur 5 € könnt ihr den Durst mit einem

Der Eiffelturm aus interessanter Perspektive.

Bier stillen. Mi und Fr ab 23 Uhr Livemusik. Eintritt: 11 € (inklusive dem 1. Drink). Sonntag-Dienstag geschlossen.
5, Blvd. Poissonnière, 2e,
Métro: Bonne-Nouvelle.

Riverside Club

Musik aus den 70er Jahren und vor allem Doors, und immer wieder Doors. Frauen, die alleine kommen, bezahlen keinen Eintritt. Dies spricht wiederum nicht unbedingt für diesen Laden. Männer und Paare bezahlen 14 € (inklusive einem Drink). Bis 6 Uhr geöffnet.
7, Rue Grégoire-de-Tours, 6e,
Métro: St-Michel oder Odéon.

Folies Pigalle

Zuerst zwielichtiges Entertainment und ab 0.30 Uhr dröhnt Housemusik und Techno durch den Raum. Viele Homosexuelle und junge Leute aus der Szene. Eintritt 15 € (inkl. Drink), Do-Sa bis 7 Uhr morgens.
11, Place Pigalle, 9e, Métro: Pigalle.

La Locomotive

Im ehemaligen Heizungskeller des Moulin Rouge könnt ihr auf riesigen Tanzflächen zu Techno, House oder Rock abtanzen. Auf einer Ebene spielt eine Livegruppe, und die Tanzmuffel können in der amerikanischen Bar herumhängen. Coole Atmosphäre. Mo, Fr u. So 10 € Eintritt, Fr und Sa ca. 15 €. Montags geschlossen.
90, Boulevard de Clichy, 18e,
Métro: Blanche.

Le Saint

Studenten und Aupairs tanzen in drei Kellern zu französischen Pop-Oldies oder Housemusik. Gute Preise. Der Eintritt beträgt 8 € inklusive Drink und die weiteren Getränke starten bei 1,50 €. Freitag und Samstag 12,20 € Eintritt. Von 23-5 Uhr geöffnet.
7, Rue St-Séverin, 5e,
Métro: St-Michel.

La Comédie

Der Pariser Club liegt mitten im touristischen Herz von Montmartre. Wenn euch der Funk und Rock auf die Nerven geht, beobachtet die Szeneleute und modischen Kids. Beeindruckende Einrichtung. Eintritt frei, Drinks ab 8 €.
Rue du Mont-Cenis (place du Tertre), 18e, Métro: Abbesses.

Shéhérazade

Jules Verne-Grotte mit roten und goldenen Pfeilern. Disko für Studenten. Momentan nur Fr und Sa ab 23 Uhr geöffnet. Eintritt 15 €.
3, Rue de Liège, 9e, Métro: Europe.

Café de la Plage

Entweder ihr haltet Smalltalk an der Bar oder tanzt im Keller zu karibischen und afrikanischen Rhythmen. Am Wochenende brechend voll, internationales Publikum. Fr und Sa 15 € (inkl. Drink), Di-Do Eintritt frei.
59, Rue de Charonne, 11ᵉ,
Métro: Ledru-Rollin.

Bains Douches

Die Nr. 1 unter den Diskotheken. Promis gehen ein und aus. Die Türsteher sind gnadenlos – man hat kaum eine Chance, hineinzukommen.
7, Rue de l'Abbé, 3ᵉ.

Antitipp: Scala

Das Scala ist nicht der Hit. Es sei denn, ihr wollt bei einem Touristentreffen teilnehmen. Einheimische verkehren hier kaum.
188 bis, Rue de Rivoli, 1ᵉʳ.

Live Music

Jazz

Ende der 40er Jahre trafen sich in Paris die besten Jazzmusiker. Nachdem in den 70er Jahren der Jazz immer mehr Fans verlor und viele Clubs schließen mussten, erleben sie jetzt eine Art Renaissance.

New Morning

Stars wie Dizzy Gillespie oder Miles Davis standen im New Morning schon auf der Bühne. Im größten Jazzclub haben 600 Leute Platz und es werden internationale Spitzenstars verpflichtet. Eintritt ab 17 €. Die Konzerte beginnen um 21 Uhr.
7-9, Rue des Petites-Ecuries, 10ᵉ, Métro: Château d'Eau, Tel. (01) 45 23 51 41. Auf dem Anrufbeantworter hört ihr das aktuelle Programm.

Caveau de la Huchette

In verqualmter Clubatmosphäre treffen sich hier die Studenten um Jazz, Swing oder Dixie zu hören. Eintritt 10 € (Studenten haben ca. 1 € Ermäßigung). Ab 21.30 Uhr. 5, Rue de la Huchette, 5ᵉ, Tel. (01) 43 26 65 05,
Métro: St-Michel.

Slow Club

Jeden Abend spielt eine Band Jazz, Dixieland, Blues oder Oldies. Eintritt unter der Woche 9 € (Studenten 8,50 €. Aber nur, wenn ihr unter 25 seid), an Wochenenden 75 F. 130, Rue de Rivoli, 1ᵉʳ, Tel. (01) 42 33 84 30, Métro: Châtelet.

L'Eustache

Billiges Bier und sehr guten Jazz von einheimischen Jazzern, ab 22 Uhr.
37, Rue Berger, 1ᵉʳ.

Lombards sur Jazz
Drei Clubs mit verschiedenen Musikrichtungen unter einem Dach. Im Baiser Salé gibt es ab 23 Uhr heißen Jazz oder Funk in guter Atmosphäre. Getränke ab 10 €. Im Sunset wird Jazz-Rock gespielt und im Duc des Lombards klassischer Jazz. Getränke ab 10,70 €. 42-60, Rue des Lombards, 1er (Hallenviertel).

Um 18 Uhr gibt es im Radio Nova (101.5 MHz) einen Last minute Club und es werden die aktuellen Konzerte und Raveveranstaltungen mitgeteilt.

Sonstiges

El Globo hat nur freitags geöffnet, aber da geht bis morgens die Post ab. Einige Hundert tanzen die Nacht durch. Aber es bleibt auch nichts anderes übrig, denn die Sitzplätze sind sehr rar. Musik aus den 70er Jahren.
8, Blvd. de Strasbourg, 10e,
Métro: Strasbourg St. Denis.

Der beste Salsa und Samba ist im **La Java** zu hören. Der Eintritt schwankt zwischen 8 und 15 €, inklusive Getränk. Die Hüften können von Mittwoch-Sonntag ab 23 Uhr geschwungen werden.
105, Rue du Faubourg-du-Temple, 10e, Tel. (01) 42 02 20 52,
Métro: Belleville.

Salsa, Samba, Zouk, Merengue und afro-kubanische Livemusik wird im **La Chapelle des Lombards** gespielt. Live-Gruppen treten Di-Do auf, Eintritt 15 € (inkl. Drink), am Wochenende 18,50 €.
19, Rue de Lappe, 11e,
Métro: Bastille.

Alternative Bands und Heavy Metal-Gruppen spielen im **Elysée Montmartre**.
72, Blvd. de Rochechouart, 18e,
Tel. (01) 42 52 25 15.

Internationale Popgruppen treten im **Le Bataclan** auf. Donnerstags 80er Disco, am Freitag heiße Verkleidungsfeten und am Samstag House.
50, Blvd. Voltaire, 11e,
Tel. (01) 47 00 30 12.

Rock, Metal und Funk hämmern dienstags im **Le Gibus**. Am Mittwoch ist Technoabend und am Freitag ist Rock'n'Roll angesagt. Mit ca. 8,40 € moderater Eintrittspreis (ca. 10,70 € mit einem Drink), So und Mo geschlossen.
18, Rue Faubourg-du-Temple, 11e,
Tel. (01) 47 00 78 88,
Métro: République.

Das **Sentier des Halles** ist ein mittelalterlicher Gewölbekeller mit nur 100 Plätzen. Ein tolles Ambiente und mit Jazz, Chansons, Rock, Kabarett und Theater ein abwechslungsreiches Pro-

Die Pariser Garde zu Pferd

gramm. Die Shows finden Di-Sa um 18.30, 20.30 und 22.30 Uhr statt. Eintritt zwischen 8 und 13 €.
50, Rue d'Aboukir, 2e,
Métro: Sentier.

Rocksäle

Im **Le Gibus sind Deep Purple**, Police, Billy Idol u.v.m schon aufgetreten. 400 Stehplätze.
18, Rue du Fbg.-du-Temple, 11e.

Le Pigall's war in früheren Zeiten ein Erotiktheater – heute ist es eine Rockhalle, in der so ziemlich alle Stilrichtungen gespielt werden (außer Klassik).
77, Rue Pigalle, 9e.

Großveranstaltungen

Karten für Rockkonzerte bekommt ihr bei: **Clémentine-Disques**, 87, Blvd. du Montparnasse, 6e,
Tel. (01) 45481835,
Métro: Montparnasse-Bienvenue.

Zénith, 211, Av. Jean-Jaurès, 19e,
Métro: Porte de Pantin,
Eintrittskarten ab 24,50 €.

Palais Omnisports de Paris-Bercy,
8, Blvd. de Bercy, 12e,
Tel. (01) 43461221, Métro: Bercy
(16 000 Plätze).

Register

Der Arc de Triomphe bei Nacht

Der Dom